NICHT MAKELLOS, ABER PERFEKT

Entspannt und glücklich mit deinem Mama-Körper
nach der Schwangerschaft

Miriam Fuz

AF187266

Die Autorin

Miriam Fuz wurde 1981 in Karlsruhe geboren und lebt in einem kleinen Dorf in Baden-Württemberg.  Sie ist ausgebildete Redakteurin, verheiratet und hat drei Söhne (geboren 2012, 2014 und 2016), die zumindest meistens ganz entzückend sind. Während der Elternzeit mit ihrem Jüngsten schrieb sie den ehrlichen Erziehungs-Ratgeber »Manchmal braucht man Gummibärchen«. Er ist ein Plädoyer an das Bauchgefühl. Sie macht damit anderen Müttern Mut, nicht immer alles perfekt im Griff haben zu wollen.

Als sie alle erstaunt ansahen, weil sie so offen über ihre Beckenbodenprobleme nach den Schwangerschaften sprach, stand ihr zweites Buchprojekt fest: Ein Werk, das den Mama-Körper huldigt. Also setzte sie sich an den Laptop und begann direkt, dieses Buch zu schreiben.

Besucht Miriam Fuz auf
www.muttiversum.com

oder folgt ihr auf Facebook unter
www.facebook.com/muttiversum

& auf Instagram unter
www.instagram.com/muttiversum

Dieses Buch ist für uns Mütter.
Unsere Körper haben
Wunder erschaffen.

Bibliografische Information der Deutschen Nationalbibliothek:

Die Deutsche Nationalbibliothek verzeichnet diese Publikation in der deutschen Nationalbibliografie; detaillierte bibliografische Daten sind im Internet über http://dnb.dnb.de abrufbar.

Buchsatz:
chaela (www.chaela.de)

Cover-/Umschlaggestaltung:
Buchgewand | www.buch-gewand.de

Verwendete Grafiken/Fotos:

Olgastocker – shutterstock.com

KhoBenz – shutterstock.com

sun_tiger – depositphotos.com

Grafik Buchblock: sun_tiger – depositphotos.com

Foto der Autorin: Miriam Fuz

Herstellung und Verlag: BoD - Books on Demand, Norderstedt

ISBN: 9783750408579

NICHT MAKELLOS, ABER PERFEKT

Entspannt und glücklich
mit deinem **Mama-Körper** nach
der *Schwangerschaft*

MIRIAM FUZ

INHALTSVERZEICHNIS

Die Geburt als einschneidendes Erlebnis 65

Du bist nicht makellos, aber perfekt 93

WIE MICH DREI SCHWANGERSCHAFTEN VERÄNDERTEN

Ich war in vier Jahren dreimal schwanger und habe in diesen Schwangerschaften jeweils bis zu 20 Kilogramm zugenommen. Das ist ein Auf und Ab von 120 Kilo - in vier Jahren! So ein Gewichtsjojo passiert nicht vielen Menschen, aber fast allen Müttern. Das hinterlässt natürlich Spuren. Die Frage ist: Wie können wir Mamas lernen unseren neuen alten Körper zu lieben?

»Das sieht man schon, dass da ein großes Kind durchgerauscht ist«, meinte die Frauenärztin in der Klinik zu mir, nachdem ich am Vortag meinen dritten Sohn zur Welt gebracht hatte. Überflüssigerweise war mein Baby während der Geburt auch noch mit der Schulter stecken geblieben, und das war natürlich nicht ohne Spuren geblieben.

So hübsch und wundervoll mein Sohn war.

Das war nicht lustig.

Genauso wenig wie meine breiteren Hüften und meine erneute Blasensenkung, unter der ich bereits nach der zweiten Geburt sehr gelitten hatte und die meinem Selbstbewusstsein ordentlich zusetzte. Schließlich ist es alles andere als toll, wenn die Blase auf einmal dort ist, wo sie wirklich nicht hingehört.

Auch mein Bauch war natürlich ein Thema für sich. Noch Monate nach der dritten Geburt sah er aus wie ein schlabbriger Luftballon, den man einmal viel zu groß aufgepustet hatte, und der nun leer und labbrig vor mir hing. Beugte ich mich nach vorne, fiel die Haut faltig nach unten und bildete einen leeren Beutel.

Ich liebte alle drei Schwangerschaften, die so wunderbares Leben in mir heranwachsen ließen, und ich liebte das Glücksgefühl nach den Geburten, wenn ich dieses kleine Bündel Leben in den Händen halten und beschnuppern durfte. Ich würde mich jederzeit wieder für meine Kinder entscheiden. Ohne Wenn und Aber. Dennoch mochte ich diese Veränderungen nicht, die mein Körper verkraften musste. Von Schwangerschaft zu Schwangerschaft wurde mir mein Körper fremder, und mit den körperlichen Veränderungen verabschiedete sich mein Selbstbewusstsein immer weiter. Von der einst fitten Halbmarathon-Läuferin war nicht mehr viel übrig.

Kann ich meinen Mama-Körper denn irgendwann mögen?

WARUM DIESES BUCH FÜR UNS MÜTTER SO WICHTIG IST

Wer mich sieht, denkt sich vielleicht auf den ersten Blick, dass ich doch eine ganz gute Figur habe und womit ich denn bitteschön unzufrieden bin. Aber lasst uns zusammen hinter die Kulissen schauen. Wer ist diese unzufriedene Miriam, die die Öffentlichkeit nicht zu sehen bekommt?

Ich möchte euch mit diesem Buch den Druck nehmen, der heutzutage oft auf Müttern lastet. Die aktuelle Gesellschaft erweckt oft den Eindruck, dass es selbstverständlich ist, dass Frauen nach einer Schwangerschaft wieder in Form kommen. Und zwar in genau die Form vor der Schwangerschaft. »Ach kommt, macht doch einfach ein bisschen Sport und lasst die Chips abends weg. Dann wird das schon!«, »Das Kind ist doch bereits so viele Monate auf der Welt, so langsam könntet ihr wirklich wieder in

Form kommen. Die lässt sich schon ziemlich gehen. Puh, nein, das würde mir nicht passieren.« – Vielleicht kennt ihr solche Blicke oder habt solche Sätze sogar schon gehört. Stellt euch einfach nicht so an. Ja, die Schwangerschaft war vielleicht schwierig, aber das Kind ist nun auf der Welt, und jetzt hab dich nicht so. Mit etwas Disziplin bekommst du das hin. JA? Bekommt man denn alles mit Disziplin, Kalorienzählen und Sport hin?

Ich sage: auf keinen Fall.

Denn es gibt nach Schwangerschaften und Geburten so viele verschiedene Veränderungen des Körpers. Da können wir uns bis auf die Knochen runterhungern oder jeden Tag Sport machen. Manches wird einfach nie mehr wie vorher. Und das ist keineswegs eine deprimierende Tatsache, sondern eine Erkenntnis, durch die wir Mamas uns endlich aus dem Hamsterrad der Selbstoptimierung befreien können! Es wird Zeit, dass wir darüber sprechen und uns nicht mehr verstecken, sondern es laut aussprechen, dass es total normal ist und es nichts mit mangelnder Disziplin zu tun hat, wenn der Körper einer Mutter anders ist als früher. Und nein, das heißt nicht, dass er hässlicher ist. Sondern einfach anders.

Klar, dieses Bild der perfekten Supermom wird natürlich durch die sozialen Medien bestärkt, in denen wir viele gertenschlanke und durchtrainierte Mütter sehen. Es wird durch Fitness-Programme für Mütter geschürt, die es aktuell noch und nöcher gibt und uns nahelegen: Streng dich an, dann wird das auch etwas mit dir.

Aber viele sehen nicht, dass es nicht nur darum geht, drei, vier oder zehn Kilogramm loszuwerden. Unsere Körper tragen oft ganz andere Folgen davon als nur ein paar Extrapfunde.

Ich möchte mit diesem Buch all den Frauen ein Gehör geben, die unter den Folgen einer Schwangerschaft leiden, die auf Dauer nicht mehr veränderbar sind oder sicherlich viele Jahre brauchen, bis sie besser werden.

Ich meine all jene Spuren, mit denen wir uns besser anfreunden, weil sie ab sofort zu uns gehören.

Folgen, die lange oder vielleicht für immer bleiben, und die niemals so richtig schön sind, wenn man gängige Schönheitsideale zugrunde legt. Aber heißt das im Umkehrschluss, dass man sich nicht hübsch fühlen kann? Auf keinen Fall! Vor allem: Wir Mütter sind so viele, wie kann es sein, dass wir solche Folgen nur mit vorgehaltener Hand mit Freunden besprechen und uns in der Öffentlichkeit dafür schämen? Wenn wir überhaupt darüber reden. Glaubt mir, auch für mich sind meine Beckenbodenprobleme mehr als unangenehm. Ich wollte so etwas niemals haben, ich wollte diesen Körper so nicht haben. Ich wollte es auch keinem erzählen, dass meine Blase sich nach zwei Geburten so abgesenkt hatte, dass sie unten heraushing. Das war nicht nur ein extremes Fremdkörpergefühl – nein, tatsächlich, ich merkte meine Blase bei jedem Schritt. Wenn ich das Thema online recherchiert habe, konnte ich allerdings immer nur Webseiten auf niedrigstem Niveau finden. Es waren wenig hilfreiche Informationen dabei.

Diese Offenheit hat mir anfangs auch wehgetan, und ich fühlte mich immer extrem beschämt, wenn ich darüber geschrieben oder gesprochen habe. Über drei Jahre nach der letzten Geburt ist es inzwischen normaler für mich. Der erste Schock ist überwunden, und ich habe durch mein erstes Buch und meine Beiträge zu dem Thema bei Facebook und Instagram schon viele liebe Nachrichten bekommen. Immer von Frauen, die auch betroffen waren, und die mich ausfragten und dankbar waren, dass endlich jemand darüber spricht und dieses Wissen teilt. Wenn letztendlich einige Frauen von meiner Offenheit profitieren, hat es sich schon gelohnt, dass ich meine Komfortzone verlassen habe.

Es soll unser Ziel sein, dass wir nicht nur für unsere Kinder eine Mutter sind, sondern auch für uns selbst. Seid die größte Liebe eures Lebens für euch. Lasst euch Geduld, Fürsorge und Respekt zukommen – einfach so, wie ihr auch eure Kinder behandelt.

Wir sind so viele Frauen, die nach den Geburten mit den Veränderungen hadern. Nahezu alle Mütter hinterfragen die Veränderungen, und ich zeige euch auf den folgenden Seiten, wie unterschiedlich diese Ausmaße sein können und dass wir letztendlich doch alle in einem Boot sitzen.

Deshalb teile ich es und schrecke nicht zurück, euch meine Gedanken und meinen Weg zu zeigen, wie ich an den Punkt gekommen bin, an dem ich dankbar sagen konnte: »Ja, ich mag mich. Ich bin nicht perfekt, aber das möchte ich auch gar nicht sein. Ich mag mich so, wie ich bin. Denn das ist genau richtig.«

MIRIAM NACH DREI SCHWANGERSCHAFTEN – EIN RESÜMEE

Auch wenn ich nach den drei Schwangerschaften wieder relativ schlank bin, trage ich einige weniger offensichtliche Spuren an mir, die meine drei Schwangerschaften unwiderruflich hinterlassen haben, und die mich teilweise viel Selbstbewusstsein kosteten. Denn ja, angezogen erkennt man meine Probleme nicht unbedingt – aber wenn ich nackt in den Spiegel schaue, sehe ich eine ganze andere Miriam als noch vor sieben Jahren. Und ich weiß, dass ich dieses Schicksal des veränderten Körpers mit vielen Müttern teile.

Nach der ersten Geburt wurde ich schnell wieder schlank, aber mein Hängebauch blieb, und wo ich früher Muskeln hatte, hing der Bauch nun lose nach unten wie ein kleiner Kängurubeutel - was er lustigerweise natürlich war, denn da drin lag ja wirklich mein Baby.

Ich war froh, als ich zum zweiten und dritten Mal schwanger wurde. Dadurch rückte mein veränderter, schlaffer Körper in den Hintergrund. Mein faltiger Bauch wuchs wieder, wurde schön straff und kugelrund. Die Hormone ließen mich strahlen und alles an meinem Körper wurde wieder praller und rosiger. Ich bekam Komplimente zu meinen Rundungen und in diesen Monaten war völlig egal, wie mein Körper ohne Baby im Bauch aussieht. Das tat gut. Ich glaube, das kennen wir alle.

Tja, mit drei Kindern war unsere Familienplanung allerdings abgeschlossen. Da stand ich nun also - mit einem tollen Mann, drei wunderbaren Kindern und einem Körper, den ich nicht mehr mochte. Und nun?

MEIN LEBEN VOR
& NACH DER ERSTEN GEBURT

WERTE, DIE MIR WICHTIG WAREN

Wir schreiben das Jahr 2011. Ich war glücklich und fühlte mich irgendwie angekommen in meinem Leben. Gerade hatte ich an einem wunderschönen Tag im Mai meinen Mann geheiratet, und das Fest hätte nicht schöner sein können. Okay, dass in der Kirche eine Stunde vor der Trauung noch eine unangekündigte Taufe stattfand und dafür unsere gesamte Dekoration abgebaut wurde, war eine Spur zu aufregend für mich. Ein kräftiger Klarer vor der Trauung half mir aber, meine Nerven wieder in den Griff zu bekommen. Danach war der Tag so kitschig-schön, wie ich ihn mir als kleines Mädchen immer erträumt hatte. Auch beruflich lief es super für mich. Ich arbeitete erfolgreich als Managerin in einem IT-Unternehmen und hatte hart für meine Ziele gearbeitet – und diese auch erreicht. So kam es, dass ich einen schicken fabrikneuen Firmenwagen fuhr und gerne viel arbeitete. Klar, es macht ja auch Spaß, wenn es gut läuft. Meine freie Zeit verbrachte ich mit Freunden und vor allem auch damit, mich fit zu halten.

Einmal pro Woche ging ich vor der Arbeit zum Sport ins Fitnessstudio und freute mich, dass sich außer mir kaum einer um 7 Uhr morgens dorthin verirrte. Ja, das Aufstehen war hart, aber das Training vor der Arbeit war super, und ich genoss diese ruhigen Morgende im leeren Fitness-Studio sehr. Vielleicht hätte ich sie ja noch mehr genossen, wenn mir klar gewesen wäre, dass es bald keinen einzigen ruhigen Morgen mehr geben würde. Aber davon ahnte ich damals natürlich nichts.

Abends joggte ich fast täglich durch den Wald und hatte großen Spaß daran, den ein oder anderen Halbmarathon zu laufen. Ich war fit und durchtrainiert und stolz auf meinen sportlichen Körper. Es konnte besser nicht sein. Ich liebte dieses schöne, selbstbestimmte Leben. Ich hatte mein wahres Glück gefunden. Oder etwa nicht?

Stopp.

War das wirklich das Glück, nach dem ich strebte?

Wie viele andere Paare stellten mein Mann und ich fest, dass wir diese Komponenten nur als vergängliche ansahen. Langfristig sollte uns daher etwas ganz anderes glücklich machen: unser eigenes Kind. Ich stellte es mir toll vor, mit meinem Mann Kinder zu bekommen und hätte dieses Abenteuer lieber gestern als heute gestartet. Ich fand es damals auch nicht so schlimm, dass ich dann erst einmal nicht arbeiten würde und somit auch meine beruflichen Erfolge und mein Dienstauto wegfallen würden. Es schreckte mich auch nicht ab, dass ich keine Zeit mehr für mich und meinen Sport haben könnte. Wie sollte es mich auch abschrecken, ich konnte das ganze Ausmaß nicht wirklich greifen.

Damals juckte mich auch die folgende Tatsache nicht: Nämlich, dass mein fitter, durchtrainierter Körper bald weichen Mamarundungen Platz machen sollte. Hauptsache, wir bekamen ein Baby, und der Rest würde dann schon werden. Wenn man das wirklich möchte, wird man nämlich auch als Mama wieder genauso fit wie vorher. Ist alles kein Hexenwerk und haben andere auch geschafft. So dachte ich damals nämlich auch. Hahaha! Wie herrlich naiv ich war.

WAS SICH MIT DER GEBURT FÜR UNS MÜTTER ÄNDERT

Ich bin schon in meinen Zwanzigern viel gereist. Ich hatte damals wohl die Vorahnung, dass mein Radius sich später verkleinern würde und hatte einen unheimlich großen Drang, die Welt zu entdecken. So kam es, dass ich zweimal länger in Australien war, mehrere Wochen in Ghana verbrachte, durch Sri Lanka und Mexico reiste. Meine Vorahnung sollte sich bestätigen, als unser großer Sohn auf die Welt kam.

Nach der ersten Geburt bestand mein Wirkungskreis aus den zehn Metern zwischen Küche, Wohnzimmer, Bad und Schlafzimmer. Huch. Das traf mich recht unerwartet. Diese neue Welt war doch etwas kleiner als erwartet. Aber nur hier fühlte ich mich sicher genug, dem Abenteuer »erstes Kind« mit all den Fragen und Unsicherheiten gerecht zu werden.

Während ich selbst hochschwanger noch sehr aktiv war und gerne abends ausging, war das nach der Geburt nicht so einfach möglich. Ich stillte nach Bedarf und somit wirklich oft und wickelte am Anfang am liebsten zu Hause. Da blieben einfach nicht viele Gelegenheiten für Ausflüge.

Ich freute mich wahnsinnig über meinen kleinen Schatz, aber gleichzeitig fühlte ich mich, als ob mein früheres Leben durch einen Schalter plötzlich beendet worden war. Von heute auf morgen war ich fast immer zu Hause und viel auf mich alleine gestellt, weil mein Mann arbeitete. Ich wechselte Windeln und lüftete meine Brustwarzen den halben Tag lang an der frischen Luft, weil sie vom vielen Stillen blutig waren. Ich fühlte mich wie eine Milchkuh, noch dazu eine außer Form geratene mit dickem Schwabbelbauch und einer üppigen Oberweite, die in keine meiner normalen T-Shirts mehr passte. Meine großen Stillbrüste machten aus meinen normalen Oberteilen bauchfreie Teenie-Tops.

Das fand ich in der ersten Sekunde vor dem Spiegel ziemlich lustig. Aber ganz ehrlich, das sah auch echt bescheiden aus. Ich konnte all diese Shirts nicht tragen, weil ich auf keinen Fall meinen schwabbeligen Bauch auch nur ansatzweise zeigen wollte.

Irgendwie lief das alles anders als gedacht. Ich hatte immer angenommen, dass ich durch die Geburt »einfach« zu einer Mama werden würde und sich ansonsten nicht so viel ändert. Für mich war die Rechnung vor der Schwangerschaft total logisch:

Miriam + Kind = Mama Miriam.

Dabei hatte ich allerdings vergessen, dass diese Aufstellung nicht ganz so simpel war. Die realistische Rechnung nach der Geburt lautete eher:

Miriam + Kind - Vollzeitstelle - berufliche Erfolge - Dienstauto - sportliche Erfolge - Freizeit + Extra-Kilos + einen schwabbeligen, weichen Körper + absolute Fremdbestimmung = Mama Miriam. Das war eine Berechnung, die ich nur schwer verdauen konnte. Jaja, mein Baby machte mich glücklich, und ich war unglaublich froh, den kleinen Mann zu haben. Aber ich vermisste mein altes Leben. Ich traute mich nicht, es damals laut auszusprechen, aber es war wirklich so. Ich wollte diesen kleinen süßen Babymann gern behalten, aber mein altes Leben auch.

Und puh, wie sehr vermisste ich bitteschön meinen Körper. Das meine ich nicht einmal im oberflächlichen Sinn. Ich vermisste einfach meine gewohnten Formen und Maße. Das, was viele Jahre so selbstverständlich war. Mein Körper war nun ganz anders und diese Veränderung machte mir zu schaffen. Ich hatte nicht damit gerechnet, dass ich nach der Schwangerschaft so aussah und mein Kleiderschrank glich einem hübschen Museum mit Klamotten, in die ich einst gepasst hatte.

⭐ **NIMM DIR KURZ ZEIT:**
Haben sich deine Werte in den letzten
Jahren verändert?
Bist du zufrieden mit deiner Entwicklung?
Wie sieht deine persönliche
Mama-Rechnung aus?
Wenn du deine drei wichtigsten Werte
nennen müsstest, welche wären es?

WOHER UNSERE UNZUFRIEDENHEIT KOMMT

Zurück ins Hier und Jetzt. In mein Leben als inzwischen dreifache Mama. Ich habe nun einen Körper, der in vier Jahren über zwei Jahre lang schwanger war, nämlich exakt 27 Monate lang. Durch meine persönliche Geschichte beschäftigte ich mich in den Jahren nach den Geburten sehr intensiv mit den körperlichen Veränderungen nach einer Schwangerschaft. Ich hörte auch immer wieder von Freundinnen und Bekannten, dass auch sie ihren neuen Körper nur bedingt mögen und manche Veränderungen sehr bedauern. Natürlich sprach keine in großer Runde davon, diese Gespräche führten wir alle leise flüsternd und eigentlich nur, wenn keine Männer dabei waren. Es fiel uns allen schwer, dass wir durch die Schwangerschaft unsere alten Körper abgegeben haben. Wir hatten das alle nicht wirklich auf dem Schirm, weil sich alles so sehr auf das Baby und die Schwangerschaft fokussiert und alles andere keine große Rolle spielt.

LIEBEN MANCHE MAMAS IHREN NEUEN KÖRPER?

Ich wollte unbedingt herausfinden, ob wir damit alleine dastehen oder ob es anderen Frauen nach der Schwangerschaft auch so geht, dass sie ihren neuen Körper zuerst lieben lernen müssen. Also setzte ich mich hin und googelte nach »hässlicher Körper nach Schwangerschaft«. Innerhalb von 0.37 Sekunden bekam ich tatsächlich 181.000 Ergebnisse ausgespuckt – es waren zuhauf Foreneinträge frustrierter Mütter. Meine weitere Suche nach »unglücklich mit Körper nach Schwangerschaft« lieferte mir noch einmal 150.000 Ergebnisse. So testete ich mehrere ähnliche Suchbegriffe – die Quintessenz blieb immer die Gleiche: Frauen mögen ihren Körper nach der Schwangerschaft, den so genannten »postpartum-body«, offenbar nicht. Ich wollte mich mit meiner ersten Recherche nicht zufriedengeben. Also drehte ich den Spieß um. Es musste doch Frauen geben, die ihren weiblichen Körper nach der Geburt mögen. Und was passierte? Meine Suche nach »zufrieden mit Körper nach Schwangerschaft« ergab genau null Suchergebnisse. Ist das nicht verrückt? »Keine Ergebnisse für »zufrieden mit Körper nach Schwangerschaft« gefunden«. Autsch.

Ich testete weitere Suchkombinationen. Aber auch »weibliche Figur nach Schwangerschaft« und ähnliche Begriffe, führten zu keinem Ergebnis. Stattdessen war mein erster Vorschlag der Suche eine Seite für »Nach dem Baby zurück zur Wunschfigur«[1]. Sehr charmant, findet ihr nicht auch? Ich ließ nicht locker und testete weitere Kombina-

---

1 Google-Suche nach Stand vom 23.10.2019

21

tionen. Alle brachten dasselbe Ergebnis: Keine Frau äußert sich im Internet öffentlich dazu, dass sie ihre Figur nach der Schwangerschaft lieber mag als zuvor. Wirklich keine. Da gibt es keine Blogbeiträge, es stand nichts in Foren, und es gab keine Artikel in Eltern- oder Frauenmagazinen.

Sicherlich, ich schließe es nicht aus: Vielleicht habe ich das ein oder andere Ergebnis nicht gefunden, auch wenn ich es wirklich von Herzen versucht habe. Denn mit diesen Frauen hätte ich mich gerne ausgetauscht.

Aber gäbe es viele von diesen Müttern, die sich in den einschlägigen Foren positiv zu ihrem postpartum-Body geäußert haben - ich hätte sie gefunden. Gesehen habe ich nur all jene Mamas, die ihre Stimme erheben, weil sie ihren Körper nicht mehr mögen. Ja, teilweise hassen sie ihn sogar und vor allem das Gefühl, dass es keinen Weg zurück gibt. Einen Körper, in denen sie durch die Schwangerschaft hineingeschleudert wurden – als Einbahnstraße.

Natürlich ist es so, dass viele Menschen etwas nicht an sich mögen. Das geht ja nicht nur uns Müttern so. Ganz unabhängig von einer Schwangerschaft leiden in Deutschland etwa fünf Millionen Frauen[2] und Männer an Essstörungen, die Tendenz geht sogar aufwärts. Ungefähr eine Million Menschen sind von einer sogenannten körperdysmorphen Störung betroffen. Das heißt, sie glauben ernsthaft, dass sie hässlich oder entstellt sind – obwohl sie keine äußerlichen Makel haben und ganz normal aussehen wie du und ich. Ein prominentes Beispiel der Krankheit ist die Tochter von Bruce Willis, die 2014 öffentlich machte, dass

---

2 Quelle: http://www.landtag.ltsh.de/presseticker/2007-11-22-16-48-17-0318/?year=2007&more=200, Stand 23.10.2019

sie darunter gelitten hatte. Begonnen hatte es bei Tallulah Willis schon mit zwölf Jahren, und erst eine Therapie hatte ihr geholfen.

Diese Beispiele und Studien zeigen, was überall Realität ist: Die meisten Frauen beschäftigen sich früh mit ihrem Körper und der Suche nach ihrer perfekten Figur. Vor allem von Müttern mit Töchtern höre ich verstärkt, wie wichtig es ihnen ist, dass sie den Mädchen ein gesundes Verhältnis zu ihrem Körper mit auf den Weg geben und sie langfristig keinen falschen körperlichen Idealen nacheifern. Bei Müttern von Söhnen ist diese Tendenz nicht ganz so stark vorhanden.

Sicherlich sind die Mütter von ihrer eigenen Reise geprägt. Vielleicht fehlte ihnen selbst in der Pubertät oder als junge Frau diese Stärke und Zufriedenheit, die sie nun als wichtigen Wert an ihre Tochter vermitteln möchten.

Aber da stelle ich mir natürlich die Frage: Sind denn diese Mütter inzwischen mit sich selbst zufrieden? Was leben sie ihren Töchtern vor? Oder sehen es diese Frauen vielmehr als ihre Aufgabe an, den Töchtern eine positive Einstellung zu vermitteln, weil sie selbst kein gutes Bild von sich haben?

WELCHES KÖRPERBILD VERMITTELN WIR?

Natürlich beeinflussen auch wir Mütter von einem oder mehreren Söhnen das Körperbild, das die Kinder später von sich haben werden, gerade deshalb sollten wir uns auch mit unserer eigenen Unzufriedenheit beschäftigen. Zum einen leben wir ihnen täglich bewusst und unbewusst die Wertschätzung oder eben Herabwürdigung des eigenen Körpers vor: Behandeln wir ihn pfleglich? Investieren wir Zeit in die Zubereitung von Nahrung und achten auf eine ausgewogene Ernährung? Verteufeln wir Süßigkeiten oder haben wir ein vernünftiges Verhältnis zu ihnen? Machen wir verbissen Sport oder gar nicht oder erklären wir auch wirklich, warum Bewegung gesund ist und dass sie Sauerstoff in unsere Lungen pumpt, Glückshormone freisetzt und unseren Muskeln Kraft gibt?

Einen interessanten Aspekt finde ich auch, wie wir selbst innerhalb der Familie mit unserem Körper umgehen und welche Rolle beispielsweise Nacktheit spielt.

Ich zeige mich zum Beispiel auch unbekleidet vor meinen Kindern, und wenn meine drei Söhne etwas interessiert, dürfen sie diese Körperstelle auch genauer anschauen. Gerade die weiblichen Brüste finden sie sehr faszinierend, da sie diese ja wirklich nur von mir kennen. Denn das sollte euch bewusst sein: Die Kinder kennen keine nackten Erwachsenen außer Mama und Papa. Zumindest, wenn ihr nicht gerade FKK-Urlaub macht oder regelmäßig mit ihnen in die Sauna geht. Diese Tatsache ist vielen von uns gar nicht bewusst.

Deshalb ist es für unsere Kinder natürlich sehr interessant zu sehen, wie der Körper von Mama und Papa aussieht.

Im Übrigen wissen sie auch sehr genau, dass sie meine Brüste in der Öffentlichkeit nicht anfassen dürfen und das ein Thema für zu Hause ist.

Ich mag das Gefühl, dass sie Körper und deren Unterschiede von klein auf kennen- und schätzen lernen. Denn ich hoffe, dass ich damit eine Basis für ein gesundes Verhältnis zu ihrem Körper lege und sie so langfristig mit sich im Reinen sein werden.

Ich habe von den Jungs auch schon oft die Rückmeldung bekommen »dein Bauch ist aber dick/wabbelig« oder »du hast wirklich riesige Brüste, Mama, die hängen da auch echt runter«, aber das sollten wir Mamas nicht persönlich nehmen. Ja, es fällt schwer, ich weiß das. Aber ganz ehrlich: Ist es aus ihrer Sicht nicht einfach so, eine Tatsache? Es ist nicht wertend; es ist eine ehrliche Feststellung. Es ist einfach wie beim Biologieunterricht.

Sie wundern sich auch, warum meine Haut am Bauch so faltig und runzelig ist, und da wissen sie inzwischen, dass es daran liegt, weil mein Bauch groß und die Haut gedehnt war, als ein Baby drin lag. Wir schauen uns die Haut zusammen an, vergleichen, schauen Fotos von mir mit Babybauch an, und ich hoffe, dass ich ihnen so einen ganz normalen, natürlichen Umgang mit ihrem Körper beibringen kann. Dazu gehört eben auch, dass unsere Hüllen sich verändern und das aber nichts ist, was mit schlechten Begriffen belegt ist. Ich könnte ja auch sagen: »Mein Bauch ist jetzt durch die Schwangerschaften so hässlich und ganz schlimm faltig.« Aber das würde ich nie tun. Ich denke nicht so und möchte den Kindern auf gar keinen Fall vermitteln, dass diese Spuren Makel sind.

Es ist letztendlich nicht wichtig, welche vermeintliche Beleidigung die Kinder sagen. Es ist viel wichtiger, wie wir es auffassen und darauf reagieren. Und dass wir genau an dieser Stelle üben, vermeintliche Kritik nicht zu ernst zu nehmen. Ein älterer Körper sieht anders aus als ein jüngerer und ein Kinderkörper natürlich ganz anders als der einer Mama.

Diese Gespräche sind eine Einladung, dass wir uns unseren Körper anschauen und ihn akzeptieren. Denn er ist unsere Wohnung, unser Haus. Wir können nicht ausziehen, allerhöchstens ein bisschen renovieren. Letztendlich ist er aber – egal in welcher Form – unser Zuhause bis zu unserem letzten Atemzug. Da spielen zehn Kilogramm mehr oder weniger auch keine Rolle. Unsere Beine werden nicht mehr länger oder gerader, die Augen werden in keiner anderen Farbe leuchten, die Ohren genauso bleiben und auch die Finger bleiben so, wie wir sie schon immer kennen.

Wir müssen uns bewusst sein, dass wir in diesen jungen Jahren schon die Einstellung unserer Kinder zu ihrem Körper prägen und wie sie künftig mit ihm umgehen werden. Wahrscheinlich in einem gewichtigeren Ausmaß, als wenn wir ausgewogen kochen und ihnen erklären, warum sie Süßigkeiten nur in Maßen essen sollten.

FRÜHER, DA WAR MEIN KÖRPER TOLL

Es klingt für Viele leicht, aber es ist wirklich schwer, sich so anzunehmen, wie man ist. Wir Mütter sind Meister darin, den Fokus von uns abzulenken, weil ständig kleine Kinder um uns herumschwirren, und nur ab und zu, wenn wir nackt im Schlafzimmer stehen, werfen wir einen bedauernden Blick auf unsere Kurven und Streifen, die dieser »besondere Umstand« hinterlassen hat und schweifen dann aus Scham und Unsicherheit wieder von ihm ab. Dankbarerweise müssen wir uns auch nur mit dem Körper beschäftigen, wenn wir ins Schwimmbad wollen/mit den Kindern müssen oder vielleicht neue Klamotten kaufen – ansonsten sind wir im Alltag richtig schön abgelenkt. Wenn wir keine Lust haben ihn zu sehen, können wir auf diesem Auge wirklich blind sein. Ich weiß es aus eigener Erfahrung. Gerade kurz nach der Geburt habe ich meinen Körper weitestgehend ignoriert. Ich mochte ihn nicht und hatte keine Lust, ihn anzuschauen und ihm Aufmerksamkeit zu schenken. Aber das war auch kein Problem, ich konzentrierte mich einfach auf die Kinder und schon war mein Äußeres vergessen. Das war natürlich praktisch. Aber auch richtig?

Aus heutiger Sicht finde ich, wir müssen und dürfen unbedingt an diesen Punkt kommen, an dem wir sagen:»Ich mag mich, wie ich bin.« Unser Körper ist nicht fehlerfrei. Er war es wahrscheinlich – zumindest in unserem Kopf – nie und wird es wohl auch nie sein. Sind wir doch ehrlich: Wir werden immer eine oder gleich mehrere Stellen finden, die wir nicht mögen. Aber wir sollten mit uns im Reinen sein, denn wir sind wertvoll und haben das verdient. Für das, was wir sind und für das, was wir leisten. Ohne Wenn, ohne Aber und vor allem ohne schlechtes Gewissen.

Es kann doch kein Dauerzustand sein, dass wir ein zehn Jahre altes Foto von uns in die Hände bekommen und denken:»Ach ja, damals sah ich toll aus. Ich verstehe gar nicht, warum ich zu dieser Zeit so unzufrieden und kritisch mit mir war« – und aber gleichzeitig im Hier und Jetzt sind wir auch wieder viel zu kritisch mit uns.

Zehn Jahre später wiederholt sich genau dieses Spiel, wir bekommen wieder eine Aufnahme in die Hand und bedauern abermals, dass wir damals unsere größten Kritiker waren. Es ist verrückt und deshalb müssen wir es ändern, denn wir dürfen nach einer oder zwei oder auch nach mehr Schwangerschaften voller Stolz sagen:»Ich bin zufrieden mit meinem Körper. Er ist vielleicht nicht makellos, aber für mich ist er perfekt.« Aber bis wir alle so weit sind, ist es für manche ein ganz schön langer Weg.

Die Kosmetikmarke *Dove* gab vor einigen Jahren in 20

Ländern die Studie »Die ganze Wahrheit über Schönheit« [3] in Auftrag und befragte über 6.000 Frauen zu ihrer Ansicht von Schönheit und zu ihrem Selbstvertrauen. Ich finde das Ergebnis ziemlich erschreckend: Weltweit fanden sich vier von hundert Frauen schön. Ein weiteres Ergebnis hat mich dagegen weniger überrascht: Achtzig von hundert der Frauen finden, dass jede Frau auf ihre Art schön ist, sie es selbst aber gar nicht sieht. Das heißt im Klartext, dass die eine über die andere daneben denkt: »Na die kann doch zufrieden sein, die sieht doch gut aus. Aber bei mir ist offensichtlich, dass ich nicht schön bin.« Deshalb dürfen wir als Fazit der Studie mitnehmen: Es ist egal wie ihr euch wahrnehmt, da draußen gibt es viele Frauen, die euch hübsch finden und eure Unzufriedenheit nicht nachvollziehen können.

All diese Recherchen und Studien machten mir klar: Da sind unheimlich viele Frauen wie ich und du. Frauen, die mit ihrem Körper nach der Schwangerschaft unglücklich sind und sich mit den neuen Proportionen, den Tigerstreifen, den Krampfadern und all den anderen Veränderungen erst noch anfreunden müssen. Die Idee für das Buch war geboren, und ich bin stolz und dankbar, dass ihr es jetzt lest. Ich möchte euch bestärken, euch so anzunehmen, wie ihr seid. Ich möchte, dass ihr aktuelle Fotos anschaut und denkt: »Ja, so mag ich mich.« Und nicht erst in dreißig Jahren zurückschaut und traurig seid, wie schwer ihr euch das Leben immer gemacht habt.

---

3 Quelle: Studie »Die ganze Wahrheit über Schönheit«, von Dove 2010 in Auftrag gegeben.

DIE SOZIALEN MEDIEN:
MEHR SCHEIN ALS SEIN

Wir leben in einer medial geprägten Generation. Das heißt, wir haben ständig das Handy in der Hand, weil es einfach unglaublich praktisch ist. Es ist ein kleiner Alleskönner, eine wahre Wundermaschine. Wir halten damit zu anderen Menschen Kontakt, schießen Fotos, schlagen in Sekunden die Länge eines Elefantenrüssels und den Straßennamen vor dem Colosseum nach, präsentieren uns in sozialen Netzwerken oder verplempern bei kurzweiligen Katzen- und Baby-Videos Lebenszeit.

Was wir früher am Festnetztelefon, am Computer im Arbeitszimmer und mit der Kamera gemacht haben, erledigen wir nun mit diesem kleinen Alleskönner. Die meisten von uns erliegen dann auch dem Charme der sozialen Netzwerke. Es ist einfach so verlockend, sich dort mit Freunden und Fremden zu verknüpfen. Anschließend vergleichen wir uns, geben mit schönen Erlebnissen an – jaja, wir nennen es »teilen«, ich weiß – und versuchen möglichst locker und entspannt zu wirken.

Dort entdecken wir regelmäßig neue Profile, die wir neugierig durchforsten. Bei Instagram zum Beispiel haben viele große Profile eins gemeinsam: Sie erwecken den Schein einer perfekten Welt.

Die vermeintlichen Schnappschüsse von Models und Bloggern dämpfen nur leider unser Selbstbewusstsein, weil sie den Eindruck erwecken, dass diese Leute tatsächlich in einer perfekten Welt leben. Dass die Fotos eigentlich in langer Arbeit entstanden sind und für den einen perfekten »Schnappschuss« oft über fünfzig, sechzig oder achtzig Fotos gemacht werden, sieht natürlich niemand. Und natürlich posten die meisten dort ausschließlich Erfolgserlebnisse und schöne Dinge.

Das chaotische Wohnzimmer mit Müsliresten auf dem Tisch, Haarausfall und Augenringe sowie die Momente, in denen man unglücklich ist, zeigen fast keine Profile. Für mich war es oft deprimierend, wenn sich dort andere Mütter gertenschlank und ausgeschlafen mit ihren minikleinen Babys zeigten. Ich als dreifache Mama mit chronisch zu wenig Schlaf wirkte eher wie das Modell « Matschiger Kürbis, der zu lange im Regen gelegen hatte und danach von einem Mülllaster überrollt wurde.« Da halfen auch fünfundzwanzig Filter nichts.

Aber klar, wenn ich mal fünf Sekunden nachgedacht hätte, wäre mir klar geworden, wie diese Aufnahmen entstanden sind: Sicherlich haben diese prominenten Neu-Mamas nicht gefrühstückt vor dem Fotografieren, sie ziehen den in einem Korsett steckenden Bauch ein, lächeln dabei aber total natürlich und tragen »High Waist« -Hosen, die bis über den Bauchnabel gehen und das schlaffe Gewebe zusätzlich stützen. Aber nicht immer dringt dieses offensichtliche Wissen bis in unser Herz vor, und wir bleiben neidisch zurück.

Aber ab und zu öffnet ein Promi die Tür dieser Scheinwelt und zeigt uns, dass auch VIP-Mamas unter den Folgen der Schwangerschaft und all den körperlichen Veränderungen leiden, die diese Reise mit sich bringt.

Die ehemalige »Berlin – Tag & Nacht« -Darstellerin Anne Wünsche postete zum Beispiel bei Facebook ein Foto von sich mit weichem Wabbel-Bauch und Tigerstreifen. Sie gab sogar offen zu, dass sie mit Depressionen kämpfte, weil sie dem Druck nicht gewachsen war, schnell wieder schlank und fit zu sein.»Man liked dann ja auch andere Prominente und die haben auch alle Kinder und die sehen alle perfekt aus und da passt der Nagellack zu den Gardinen und zur Duftkerze im Wohnzimmer. Bei uns ist es einfach gar nicht so, und dann wird man irgendwann depressiv, weil man denkt, das ist normal, und wir sind nicht normal, warum schaffen wir das nicht?«, äußerte sich die Schauspielerin in einem Interview[4].

Eine weitere Mama, die positiv aus der perfekten Scheinwelt heraussticht, ist die Marathonläuferin Stephanie Rothstein Bruce. Sie zeigt öffentlich auf Fotos, wie ein Babybauch trotz viel Sport und Disziplin nach der Geburt aussieht. Nämlich hervorstehend, weich und in ihrem Fall sehr streifig. Diese kleine narbige Rundung wird immer ein Teil von ihr sein, egal, wie hart sie weiterhin trainiert.

Das Ex-Playboy-Bunny Kendra Wilkinson ist ein weiteres, positives Beispiel. Gerade bei ihr hätte ich es gar nicht erwartet. Auf einem Foto ihres Profils sieht man ihre Streifen und Falten komplett ungeschönt – eben so, wie es nun einmal aussieht, nachdem man eine dicke Baby-Kugel hatte. Gerade diese Aufnahme kam bei ihren Followern so gut an wie kein anderes ihrer Bilder, und sie bekam umwerfend viele und positive Rückmeldungen darauf.

Die wichtigste Botschaft hinter diesen Fotos ist: Wir Mütter sitzen alle in einem Boot! Alle Mamas kämpfen damit, dass wir nach der Schwangerschaft einen anderen Körper haben als zuvor und dass wir ihn eigentlich lieben möchten. Aber dass genau das manchmal einfach verdammt schwer ist.

---

4 Interview mit Promiflash, Quelle: https://www.promiflash.de/news/2018/04/24/wegen-after-baby-body-anne-wuensche-hatte-depressionen.html; Stand der Seite 23.10.2019

Glücklicherweise fällt immer mehr Frauen auf, dass der postpartum-Body etwas total Natürliches ist und so entstanden im letzten Jahr die Bewegungen #postpartum und #this_is_postpartum, von der ich gleich noch mehr erzählen werde.

Ich habe mich über meinen Instagram-Account Muttiversum schon mit vielen Müttern ausgetauscht, und als ich einmal via Frage-Button anonym wissen wollte, ob und wenn ja, wie sich der Körper nach der Schwangerschaft verändert hat, ist mein Account wirklich heiß gelaufen. So viele Frauen haben mitgemacht und von den verschiedensten Veränderungen berichtet. Viele schrieben, dass sie mit ihnen unglücklich sind und dass sie nie gedacht hätten, wie weitreichend diese Veränderungen sein würden. Und dieses Thema soll nicht relevant sein? Ich fühlte mich danach umso mehr bestärkt, dieses Buch zu schreiben.

DIE SACHE MIT DEM GEWICHT NACH DER SCHWANGERSCHAFT

Zuerst einmal habe ich eine gute Nachricht für euch. Ich habe recherchiert, wie viel Extra-Gewicht Frauen nach Schwangerschaften durchschnittlich mit sich herumschleppen, und das hat die Natur offenbar ziemlich gut geregelt. Studien[5] belegen nämlich, dass die meisten Frauen sechs bis achtzehn Monate nach der Geburt nur noch 500 – 1500 Gramm mehr wiegen als vor der Schwangerschaft. Das heißt, bei den meisten von uns wird sich das Gewicht

5 Quelle: Childbearing and Obesity in Women: Weight Before, During, and After Pregnancy: https://www.ncbi.nlm.nih.gov/pmc/articles/PMC2930888/#R12, Stand 23.10.2019

fast wieder einpendeln. Stresst euch also nicht, falls ihr gerade vor kurzem ein Kind bekommen habt.

Da schwinden sicher noch einige Pfunde wie von Zauberhand. Spätestens wenn die Kinder laufen, werdet ihr den lieben langen Tag hinter eurem Nachwuchs herrennen, und das verschafft euch eine ausgezeichnete Energiebilanz. Bei drei Kindern spreche ich da aus Erfahrung. Mein Schrittzähler zeigt an einem normalen Werktag nicht selten 12.000 - 14.000 Schritte an. Das ist schon einiges, und so habe ich mein Ausdauer-Workout quasi nebenbei im Alltag erledigt.

Das ist sehr praktisch, da ich herkömmlichen Sport deutlich weniger als früher (nämlich nur ein- oder zweimal pro Woche statt wie früher fünfmal), treibe. Eine rigorose Diät oder ein hartes Sportprogramm kommen für mich einfach nicht in Frage. Das schaffe ich weder körperlich, weil die Kinder natürlich auch einiges von mir abverlangen, noch zeitlich. Ich weiß auch gar nicht, ob ich mein Idealgewicht von früher wieder ohne Weiteres erreichen würde, da sich mein Körper durch die drei Babys irgendwie neu sortiert hat, mein Körperbau hat sich verändert, meine Hüfte steht breiter auseinander.

Die Wahrheit ist: Ich gehöre einfach zu den Frauen, die nach jeder Schwangerschaft etwas mehr wiegen und das Extra-Gewicht nicht mehr runterbekommen. Bei mir gibt es durch jedes Kind mehr Miriam. Wie viel das genau ist, entzieht sich allerdings meiner Kenntnis, da ich mich schon seit Jahren nicht mehr auf die Waage gestellt habe. Echt wahr! Ich weiß, dass die Zahlen auf einem Messgerät für viele von uns sehr wichtig sind, sie geben uns vermutlich ein Gefühl von Kontrolle, manchmal bekommt das tägliche oder wöchentliche Wiegen sogar suchtartige Züge. Aber lasst es euch gesagt sein: Die Anfangsphase mag ungewohnt und schwer sein, aber seitdem ich die Waage aus meinem Leben verbannt habe, lebt es sich im wahrsten Sinne viel leichter.

Ich schätze meinen Körper sehr, und mein aktuelles Gewicht ist eben das, was ihm gerade guttut. Ich ernähre mich an den meisten Tagen gesund und treibe gemäßigten Sport für meinen körperlichen und mentalen Ausgleich. Wenn ich dadurch langfristig mehr wiege, ist das in Ordnung für mich. Ich bin mit meinem Lebensstil und meiner Ernährung im Reinen und dadurch sehr zufrieden. Wie ich das geschafft habe – und wie auch ihr zu diesem Punkt kommen könnt – erzähle ich euch im Kapitel »Positives Mindset stärken«.

DER TAG NACH DER GEBURT: WILLKOMMEN IM »POSTPARTUM«-KÖRPER

Heidi Klum schwebte nur wenige Monate nach der Geburt über einen großen Catwalk, Prinz Williams' Frau Kate verließ die Klinik Stunden nach der Geburt ihrer Kinder auf High Heels und Model Sarah Stage ließ die ganze Welt daran teilhaben, dass sie bis zur Geburt eisern trainierte, um sich ihre
Bauchmuskeln zu erhalten. Und ich? Ich schleppte mich zwei Stunden nach der Geburt meines Sohnes entkräftet in den Frühstücksraum der Klinik, um mich zu stärken und wurde dort von einer Frau gefragt, wann ich eigentlich entbinden werde. WANN ICH EIGENTLICH ENTBINDE? Oh mein Gott. Ich hatte die ganze Nacht zuvor in Wehen

gelegen und kurz zuvor unter größten Schmerzen meinen ersten Sohn herausgepresst. Ich hatte nur zwei Minuten vor ihrer Frage eine lange Blutspur in meinem Patientenzimmer hinterlassen, als meine Surfbrett-Einlagen ihren Dienst versagt hatten. Diese Blutungen waren wirklich unglaublich stark, mein gesamter Körper war eine einzige große Wunde!

Ich war mit einem gefühlt dreimal so dick angeschwollenen Intimbereich in das Frühstückszimmer gewankt - so breitbeinig, wie sonst nur Cowboys laufen - und fühlte mich dank diverser Hormone trotzdem überglücklich und stolz. Und dann fragt mich diese Frau ernsthaft, wann ich entbinde? Ich konnte es nicht glauben und war gekränkt, verletzt, beleidigt. Aber nun gut, das musste ich zugeben: Mein Bauch war immer noch riesig, das hatte mich selbst überrascht. Zumal mein Baby gar nicht mehr drin war, sondern in just diesem Moment ein Zimmer weiter selig auf Papas Bauch schlummerte.

Warum sagt einem vorher denn keiner, dass der Bauch nach der Geburt so groß bleibt und sich dabei so komisch leer-weich-wabbelig anfühlt? Er war an diesem Morgen für mich eher ein Fremdkörper als mein Bauch.

Es traf mich auch, dass ich meine ersten Schwangerschaftsstreifen nicht während der letzten Monate, sondern während der Geburt bekommen hatte. Wofür habe ich bitte die ganze Zeit gecremt? Um den Bauchnabel herum rankten nun lila Streifen, die durch die immensen Kräfte während der Geburt entstanden waren. Dass so etwas passieren kann, hätte ich gerne vorher gewusst.

Ja, okay, unter uns: Ich hätte es eigentlich nicht vorher wissen wollen, weil es mich frustriert hätte. Aber es ärgerte mich einfach, dass diese Streifen nun da waren, in all ihrer unübersehbaren Pracht.

Aber auch als Mama mit labbrigem, dickem Bauch nach der Geburt und mit Einlagen aus gefrorenem Kamillentee zwischen den Beinen war schließlich noch so etwas wie Stolz übrig. Deshalb hatte mich ihre Frage wirklich getroffen. Dies war der allererste Moment, in dem ich mit meinem noch jungen Postpartum-Körper konfrontiert wurde. Auch wenn die Frage nicht böse gemeint war, nahm an diesem Morgen das Übel seinen Lauf: Ich fühlte mich in meinem neu-geschenkten Körper unwohl und konnte ihn nur schwer akzeptieren.

In den folgenden Tagen wurde der Bauch wie von Zauberhand jeden Tag ein Stückchen kleiner, was mich natürlich freute - schrieb ich gerade »wie von Zauberhand«? Durch viele schmerzhafte Nachwehen trifft es wohl eher, aber das liest sich natürlich nicht ganz so romantisch.

Leider war der Bauch auch bei der Entlassung nach drei Tagen noch so immens, dass ich die Jeans, die ich mir für diesen großen Tag eingepackt hatte, schön in der Tasche lassen konnte. Dafür trug ich wieder die Umstandsjogginghose, die eigentlich im Koffer liegen sollte. Was war das bitte für eine verdrehte Welt. Und es war erst der Anfang für mich. Denn in diesem Moment wurde mir klar, dass an diesem doofen Spruch »Neun Monate kommt der Bauch, neun Monate geht er« ziemlich viel Wahres dran sein muss. Dabei war ich sicher, dass dieses Geschwätz nicht für mich gelten würde. Ich war sicher, dass ich garantiert schnell wieder in Form komme. Aber Pustekuchen.

Ein Kind im Bauch verschiebt die Organe nun einmal nach Herzenslust und dehnt die Haut so sehr, dass es einfach Zeit braucht, bis alles zurück an seinem Platz ist.

Blicke ich jetzt, nach drei Söhnen in meinem Bauch, auf mein damaliges Ich im Jahr 2012 zurück, würde ich mich gern in den Arm nehmen und trösten. Es tut mir leid, wie traurig ich damals war, und ich würde mir gern sagen, dass der Bauch nach der ersten Schwangerschaft eigentlich wieder ziemlich gut werden würde. Denn nun, nach drei Babys, kann ich das beurteilen. Da ist er nämlich nicht mehr das, was die meisten Menschen als »ziemlich gut« bezeichnen würden.

Wisst ihr, wie ein Luftballon aussieht, den man einmal viel zu groß aufgepustet hat? Die Haut wird so komisch dünn und er ist in sich komplett faltig und sieht aus wie eine verästelte Landkarte. Wenn ihr dieses Bild vor Augen habt, kann ich nur sagen: Genau das befindet sich unter meinem T-Shirt! Denn so sieht mein Bauch leer aus, wenn ich nicht gerade zu viel gegessen habe. Er hängt labbrig-faltig vor mir hinunter. Beuge ich mich nach vorne, folgt die leere Haut der Schwerkraft und schaukelt schlaff Richtung Boden.

Klar, das ist ein Bauch, der eine große Geschichte erzählt. Aber konnte mich diese Tatsache trösten? Nein, lange Zeit nicht.

Nach der ersten Schwangerschaft mit meinen drei Ministreifen um den Nabel herum war davon jedoch nichts zu erahnen, wie viel dieser Bauch noch mitmachen sollte.

Trotzdem war ich damals unsagbar traurig, weil der Abschied von einem sehr sportlichen Körper hin zu einem durchschnittlichen weichen Mamakörper wirklich hart für mich war. Auch die Worte meines Ältesten:»Oh Mama, dein Bauch ist so schön weich«, was das schönste Kinderkompliment ist und mich eigentlich mit Liebe und Zuneigung durchfluten sollte, löste in mir anfangs regelmäßig Selbstzweifel aus: Aber ich will doch gar keinen weichen Körper haben, ich will wieder so fit und stark und durchtrainiert sein, wie ich es vor wenigen Jahren noch war.

MANCHES BRAUCHT ZEIT – ANDERES UNSERE AKZEPTANZ

Es war netterweise so, dass mir meine Hosen nach der ersten Geburt bald wieder passten. Die weitesten Modelle nach etwa 6 Wochen, die etwas engeren nach einem dreiviertel Jahr. Gefühlt ewig, rückblickend eher lächerlich. Meine Sorgen und mein Ärger in dieser Hinsicht waren absolut unbegründet gewesen. Allerdings dauerte es tatsächlich von Schwangerschaft zu Schwangerschaft länger, bis ich die normalen Hosen auspacken konnte. Nach der dritten Geburt trug ich allein die Umstandshosen noch mehrere Monate.

Auch deshalb, weil sie so schön bequem waren und ich mich selbst nicht mehr diesem Stress aussetzte, wann ich endlich wieder in meine normalen Modelle passen würde. Allein dieses innerliche Loslassen machte die Zeit um einiges entspannter für mich und bei drei kleinen Kindern im Alter von 0 bis 4 Jahren muss man seine Nerven wahrlich gut einteilen.

Es versetzte mich nicht mehr in Stress, wenn ich den Kleiderschrank öffnete und meine engen, schon lange ungetragenen Hosen dort liegen sah.

VON TIGERSTREIFEN, GRÖSSEREN FÜSSEN UND HÄNGENDEN BRÜSTEN

Natürlich ist es nur eine von vielen Nachwehen, dass nach einer Schwangerschaft unsere Hosen nicht mehr passen. Es gibt einige Veränderungen mehr, die sich ungefragt bei uns einnisten, wo wir doch eigentlich nur ein Baby bestellt hatten.

Diese Auflistung wird negativ klingen, und ich rate schwangeren Frauen davon ab, diese Details allzu interessiert durchzulesen. Ich möchte damit zeigen, dass der Körper einer Frau nicht nur am Bauch beansprucht wird und auch diese Frauen langfristig unter einem veränderten Körper leiden, die keine Schwangerschaftsstreifen haben.

Zum anderen ist es auch so, dass mir kein Fall bekannt ist, in dem eine Frau wirklich alle Probleme hat. Also bemesst dieser Auflistung nicht allzu viel Bedeutung bei, wenn ihr gerade schwanger seid oder noch weitere Kinder wollt.

Wenn ihr euch vor der Geburt alle möglichen Risiken und Komplikationen durchlest, ist das auch nur bedingt sinnvoll. Alles sollte man einfach nicht wissen, wenn dieses große Ereignis noch bevorsteht. Das Schöne ist ja, dass viele Frauen trotzdem wundervolle, unkomplizierte Geburten erleben. Da macht es einen doch nur kirre, wenn man sich vorher mit Problemen auseinandersetzt, die man vielleicht nie haben wird.

Genau so ist das auch mit diesem Kapitel. Mir geht es darum zu zeigen, wie viel der weibliche Körper leistet und dass Schwangerschaften den Körper weitreichend verändern können.

Außerdem will ich das »Wir« -Gefühl unter uns Müttern

stärken. Ich möchte, dass Frauen sich in dieser Auflistung wiederfinden. Dass sie ihre Veränderungen einordnen können und merken, dass viele Folgen unterschiedlich aussehen und wir Mütter aber letztendlich alle denselben Kampf kämpfen. Unsere Baustellen mögen unterschiedlich sein, aber wir alle haben diese Reise hinter uns, die uns unseren Mama-Körper gebracht hat.

Deshalb noch einmal meine Bitte: Seht nicht das Negative. Seht den gemeinsamen Nenner und bewertet die folgende Liste nicht über. Und lest das Buch unbedingt weiter. Es folgen danach sehr viele positive, wertschätzende Kapitel. Zeilen, die euch helfen, euren Körper zu mögen und ihn als Geschenk zu sehen.

Bereit? Nun denn: Fangen wir mit meinem persönlich größten Problem an – meinem Beckenboden.

Beckenboden und Co

Ich musste den Tatsachen schnell ins Auge sehen: Ich werde nie mehr Halbmarathon laufen, ohne mich einzunässen wie ein Kleinkind, das gerade trocken wird. Mein Muskelpaket namens Beckenboden wurde durch die Schwangerschaften und den Druck der Geburten einfach zu sehr beansprucht. Ich kann ihn wieder stärken, aber er wird nie wieder annähernd so gut werden wie früher. Oder wie mein Frauenarzt so schön sagt: »Na ist doch super, dass er überhaupt so gut ist, dass Sie in Ihren jungen Jahren noch nicht ganz so schnell operiert werden müssen.« Eine zeitnahe Operation war nämlich nach der zweiten Geburt meine Prognose, nachdem die Blase zum zweiten Mal aus der Vagina herausbing und es sich nur sehr langsam zurückbildete. Generell ist mein Beckenboden eher ein Häufchen

Elend als ein starker Muskel. Schon am Ende der letzten beiden Schwangerschaften und nach den Geburten hatte ich immer mal wieder Probleme mit Inkontinenz. Ich trug deshalb Slipeinlagen, um peinliche Ups-Momente zu vermeiden. Leider habe ich diese immer mal wieder vergessen, was richtig dämlich war. Einmal – ich war kurz vor dem Mutterschutz - war ich mittags auf einem Geschäftstermin und als ich zurück zum Auto ging, schwappte bei jedem Schritt meine Blase über. Schwipp-Schwapp-schwipp-schwapp und bei jedem Schritt wurde alles immer nasser.

Ich war mitten in der Stadt, es war keine Toilette in der Nähe und somit war meine Hose bis zum Auto komplett nass an den Oberschenkeln. Mich rettete nur mein knielanger Mantel, sonst wäre das eine extrem unangenehme Geschichte geworden. So fuhr ich schnell heim, zog mich um und erwähnte es auch nie nur annähernd. Zumindest bis heute, wo ich diese Zeilen schreibe, um euch zu zeigen, wie ein Mama-Body auch aussehen kann. Einen Vorteil hatte das Ganze übrigens: Ab da dachte ich sehr zuverlässig an die Slipeinlage.

Diese Geburtsfolge war mental wirklich ein extremes Problem für mich. Ich habe anfangs nie darüber gesprochen, weil es mir sehr peinlich und unangenehm war. Seit ich offener damit umgehe und auch auf meinen öffentlichen Profilen darüber schreibe, weiß ich, dass viele Frauen unter Beckenbodenproblemen leiden.

Bleibt das jetzt für immer so?
Bei mir war eine Beckenboden-Operation schon zum Greifen nah. Durch einen Besuch in einer Beckenbodenambulanz und viel Training ist mein Beckenboden allerdings drei Jahre nach der Geburt wieder im Rennen. Das meine

ich sogar wörtlich, da ich inzwischen 6 Kilometer »unfallfrei« joggen kann. Bei Beckenbodenproblemen kann man wirklich viel tun. Bei mir brachte der Besuch bei den Experten in der Beckenbodenambulanz die Rettung. Dort wurde alles eingehend untersucht, und ich habe ein Biofeedbackgerät zum Trainieren bekommen (auf Rezept), mit dem es von Monat zu Monat besser wird. Manchmal heißen diese Spezialisten auch Inkontinenzzentrum oder ähnlich, erkundigt euch am besten bei Hebammen, Frauenärzten oder fragt in der Gynäkologie eures nächsten Krankenhauses nach. Dort bekommt ihr Informationen, wo ihr die Experten zum Thema Beckenboden findet.

Schwangerschaftsstreifen

So manche Mama wird vielleicht nie mehr einen Bikini tragen, ohne dass man ihre Schwangerschaftsstreifen sieht. Diese Tigerstreifen sind aber nicht nur am Bauch oder an der Hüfte, manche haben sie auch an den Brüsten oder den Oberschenkeln. Ich habe lange nach Studien dazu gesucht, weil viele Frauen davon betroffen sind und es eine der häufigsten Folgen einer Schwangerschaft ist. Aber es gibt dazu keine wissenschaftlichen Arbeiten. Dafür aber einige zu der Wirksamkeit von Anti-Stretchmark-Produkten. Trotzdem ist nicht final geklärt, ob Cremen und Ölen denn nun helfen oder einfach alles Veranlagung ist. Trösten kann uns, dass es einfach viele Mütter erwischt und geteiltes Leid bekanntermaßen halbes Leid ist. Da es so viele Produkte gegen die Dehnungsstreifen gibt, zeigt uns, wie groß der Markt dafür sein muss.

Im Übrigen entstehen diese Streifen nicht nur durch Schwangerschaften, sondern auch durch schnelles Wachstum in der Pubertät, durch Sport (ich habe im Bereich Po – Oberschenkel einige durchs Joggen bekommen), Krafttraining und sogar Medikamente. Studien zufolge haben achtzig Prozent der Menschen mindestens ein paar solcher Streifen. Oh ja, der Markt für solche Produkte ist da. Wir Mamas sind also nicht alleine mit dem Problem. Wir nehmen das bei uns nur verstärkt wahr. Sicherlich gibt es in eurem Umfeld viele Frauen und Männer, die Dehnungsstreifen haben und ihr habt es einfach noch nicht wahrgenommen. Die eigenen sieht man einfach immer mehr.

Bleibt das jetzt für immer so?
Ja, diese Streifen sind Narbengewebe und werden für immer bleiben. Ist die Haut einmal gerissen, kann das nicht rückgängig gemacht werden. Das Gute ist aber, dass die Streifen mit der Zeit immer heller werden und nach Jahren nicht mehr so stark zu sehen sind wie anfangs, wenn die Haut frisch aufgerissen ist und die Streifen dunkelrot und lila schimmern. Um die Heilung nach der Geburt zu unterstützen, gibt es vielerlei Öle und Narbencremes – wenn ihr aktiv werden möchtet, testet euch durch das Sortiment und ich drücke euch die Daumen, dass ihr ein Produkt findet, das euch gut hilft.

Rektusdiastase

Wenn ihr nach der Schwangerschaft das Ausgangsgewicht wieder erreicht habt, aber der Bauch einfach bleibt, könnte es sein, dass bei euch eine Rektusdiastase vorliegt. Dieser kleine süße Kugelbauch wird gerne mit der nächsten Schwangerschaft verwechselt, was für all jene Frauen natürlich total deprimierend ist, wenn man kein Baby im

Bauch hat. Aber was ist das eigentlich genau und woher weiß ich, ob ich betroffen bin? Anatomisch ist es so, dass sich die Bauchmuskulatur in unserem Körper in eine linke und eine rechte Hälfte teilen. Eine senkrecht verlaufende Bindegewebsnaht hält diese beiden Seiten zusammen. Durch das Baby im Bauch gehen diese beiden Hälften natürlich auseinander, und alle Schwangeren haben eine Rektusdiastase.

Nach der Geburt sollte sich dieser Spalt wieder schließen, was bei den meisten Frauen nach sechs bis zwölf Monaten nach der Geburt der Fall ist. Zieht der Spalt sich nach der Schwangerschaft nicht mehr zusammen und bleibt weiter als zwei Zentimeter offen, liegt wahrscheinlich eine Rektusdiastase vor. Es ist eine der häufigsten Schwangerschaftsfolgen. In den meisten Fällen ist es ein kosmetisches Problem. Allerdings können auch die Funktionen der Bauchmuskulatur dadurch eingeschränkt sein, was langfristig zu weiteren Problemen wie Rückenschmerzen und sogar Schwindel führen könnte.

Bleibt das jetzt für immer so?
Wie bei Beckenbodenproblemen ist es so, dass man hier mit Training sehr viel erreichen kann. Im optimalen Fall durchlauft ihr noch einmal einen ordentlichen Rückbildungskurs, auch wenn eure Kinder schon älter sind. Denn entsprechendes Training ist hilfreich und effektiv. Auch Physiotherapie kann helfen. Die Rumpfstabilität wirkt sich auch positiv auf den Beckenboden aus, ihr tut damit in jedem Fall doppelt etwas Gutes.

Als letzte Möglichkeit bleibt, die Rektusdiastase in einer Operation zu schließen. Dabei werden die beiden Bauchmuskeln an der betroffenen Stelle – mit oder ohne Netzeinsatz – zusammengenäht. Das ist allerdings keine kleine Sache, sondern ein großer, operativer Eingriff mit einer Genesungszeit von mindestens sechs Wochen. Die Kosten werden nur bei Vorliegen »medizinischer Relevanz« ganz oder teilweise von der Krankenkasse übernommen. Ich empfehle euch an dieser Stelle den Blog »Vivabini« von Silvia Erhard. Sie hat diese Operation machen lassen und berichtet als Betroffene auf www.vivabini.de ausführlich und ehrlich über alle Vor- und Nachteile des Eingriffs. Auch Hebammen, Frauenärzte und Physiotherapeuten, die sich auf die weibliche Anatomie spezialisiert haben, sind hilfreiche Ansprechpartner.

Bauch

Drei Jahre nach der letzten Geburt haben ein paar meiner Bauchmuskeln wieder ihren Dienst aufgenommen, aber wenn ich ausgiebig gefrühstückt oder einen großen Tee getrunken habe, schiebe ich eine Kugel wie im fünften Monat vor mir her. Das liegt daran, dass alles viel weicher ist als früher, die Bauchmuskeln zwischendurch lahmgelegt waren und die Haut am Bauch natürlich extrem vorgedehnt ist. Mein Gewebe ist einfach so ausgeleiert, dass jede üppige Mahlzeit direkt zu sehen ist. Das zeigt sich in Form dieser großen, runden Kugel.

Dieses Bäuchlein habe ich im Übrigen auch, sobald ich meine Tage habe. Aber zum Glück lernt man mit dem Alter ja sowieso bequeme Kleidung zu schätzen und kauft sich endlich das, was gut passt und nicht mehr das, von dem man glaubt, dass man es tragen müsste.

Bleibt das jetzt für immer so?

Nach einer Geburt ist es zuerst einmal so, dass der Kopf und die Bauchmuskeln sowie der Beckenboden die Kommunikation zueinander verloren haben. Die Geburt war eine riesige Sache. Rückbildung hilft dabei, diese Verbindung wiederherzustellen. Alternativ unterstützen euch Physiotherapeuten und Sportprogramme für Mamas. Es sollte bei den Kursen immer darum gehen, dass ihr die Übungen korrekt ausführt und daran arbeitet, wie ihr die Muskeln wieder ordentlich spürt und einsetzen könnt. Das Ziel sollte hier nicht reiner Muskelzuwachs oder Gewichtsreduktion sein. Das könntet ihr im zweiten Schritt angehen – bitte kümmert euch zuerst darum, dass der Ablauf der Muskeln generell passt.

Größere Füße

Einige Mütter haben nach der Schwangerschaft größere Füße. Als ich das zum ersten Mal gehört habe, konnte ich es kaum glauben. Klingt schon komisch, oder? Ist aber tatsächlich wahr und habe ich mir nicht ausgedacht. Ich selbst kenne einige Frauen, denen dieses Schicksal widerfahren ist. Sie haben bitterlich geschimpft, dass ihnen ihre Lieblingsschuhe nicht mehr passen. Finde ich ehrlich gesagt auch fies. Ich kann es aber nicht nur durch meine Freundinnen belegen, dass es dieses Phänomen gibt. Es kommt noch besser: Christian Hentschel beschäftigte sich in seiner Doktorarbeit mit exakt diesem Thema[6]. Ja, der gute Mann

6 Titel: »Form- und Größenveränderung des Fußes während der Schwangerschaft«, Erscheinungsdatum 2006

hat dazu wirklich ein halbes Buch geschrieben. Er vermaß dafür regelmäßig die Füße von vierzig Schwangeren und kam zu dem Ergebnis, dass der Fuß jeder Schwangeren durchschnittlich um 1,8 Millimeter länger, um zwei Millimeter breiter und auch dicker wird. Das bedeutet also durchaus, dass uns allen in der Theorie die Schuhe von vor der Schwangerschaft nicht mehr passen und wir unsere viel zu teuer eingekauften Lieblingsballerinas nie mehr tragen werden. Das wäre natürlich extrem frustrierend und trifft zum Glück nicht bei allen Frauen zu. Bei einigen scheint der Fuß aber tatsächlich so in die Breite oder Länge zu wachsen, dass man einen auf Cinderellas Stiefschwester machen müsste, um noch in die alten Lieblingsschuhe zu passen. Und das ist nun doch etwas aus der Mode gekommen. Daher war es das dann wohl mit den liebgewonnenen Tretern. Immerhin eröffnet dieser Umstand den Betroffenen die Möglichkeit, hemmungslos neue Schuhe zu shoppen. Vielleicht könnt ihr euch damit zumindest etwas trösten? Und auch hier gilt: Ihr seid damit nicht alleine. Da es sogar eine Doktorarbeit zu dem Thema gibt, ist das ein Problem, das echt viele Muttis haben. Das gibt euch eure alten Füße nicht zurück, spendet aber hoffentlich etwas Trost.

Bleibt das jetzt für immer so?

Wenn eure Füße erstmal größer sind, wird das auch so bleiben. Ihr könnt also unbesorgt in der neuen Größe Schuhe shoppen und die alten Modelle verschenken oder verkaufen. Falls ihr noch ein weiteres Kind möchtet, ist es natürlich nicht auszuschließen, dass sich die Größe noch einmal verändert. Vielleicht solltet ihr das im Hinterkopf behalten, bevor ihr allzu fleißig einkauft. Wäre ja schade, wenn ihr nach der nächsten Schwangerschaft wieder fünfzehn Paar Schuhe aussortieren müsst…

Veränderte Brüste

Vielleicht seid ihr eine der Frauen, die nun einen besseren BH braucht als früher, weil die natürliche Form eurer Brüste durch die Schwerkraft deutlich gelitten hat. Wenn ja, hallo im Club – ich gehöre auch dazu. Da spricht man nur eigentlich nicht drüber. Wie über so Vieles. Aber das müsst ihr auch nicht, ihr habt ja mich, und ich übernehme das für euch.

Aber zuerst einmal ein paar wissenschaftliche Fakten: Eine Studie[7] belegt tatsächlich, dass die Straffheit der Brüste mit jeder Schwangerschaft nachlässt – dieses Schicksal teilen wir Mamas also alle, wenn natürlich auch unterschiedlich ausgeprägt. Am Stillen liegt es übrigens nicht, sondern unter anderem an der Anzahl der Schwangerschaften und der Gewichtszunahme.

Vielleicht gehört ihr aber auch zu dem Anteil der Mütter, deren Brüste durch die Schwangerschaft und das Stillen irgendwie verloren gegangen sind. Denn auch dieses Phänomen gibt es. Ist es nicht verrückt, wie vollkommen unterschiedlich sich eine Schwangerschaft auf den Körper auswirken kann? Die einen haben danach mehr, die anderen fast nichts mehr und wieder andere bekommen

7 Brian Rinker, University of Kentucky; Konferenz der American Society of Plastic Surgeons 11.2007, Baltimore: Befragung von 132 Frauen hatten.

Schwangerschaftsstreifen an den Brüsten. Dann gibt es auch noch welche, die nach dem Stillen unterschiedlich große Brüste haben, weil das Baby immer nur aus einer Lieblingsseite trinken wollte und sich das langfristig bemerkbar macht. Ich sage mal so: Egal zu welchem Kreis man gehört, solche Veränderungen finden alle Muttis erst mal doof.

Vielleicht braucht ihr wie ich nun neue BHs. Bei mir ist es nämlich wie gesagt auch so, dass die Form der Brüste sich verändert hat. Der Umfang wurde größer – aber ätsch, leider nur um den Rippenbogen herum. Die Brüste selbst wurden kleiner. Klingt ein bisschen verrückt, aber ist bei vielen Frauen so. Es gibt einfach das Phänomen, dass man sich die Brüste wegstillt. Ich habe noch die meisten BHs von vor den Schwangerschaften, und da bekomme ich das ganz Ausmaß immer in voller Schönheit vor Augen gehalten: Die Cups sind irgendwie ziemlich leer. Da ich ganz sicher weiß, dass ich sie passend gekauft habe und Büstenhalter nur sehr selten wachsen, wenn sie im Schrank bleiben, weiß ich Bescheid.

Frauenärztin Judith Bildau (www.judith-bildau.de) bestätigte mir, dass die Form der Brust und inwiefern sie sich verändert, einzig und allein an unserer Veranlagung liegt; Während der Schwangerschaft baut sich reichlich Brustdrüsengewebe als Vorbereitung auf das Stillen auf. Es verdrängt das vorliegende Fettgewebe. Die Brust sieht deshalb während der Schwangerschaft und dem Stillen schön prall und oft auch größer aus. Etwa ein bis zwei Körbchengrößen können während der Schwangerschaft zugelegt werden. Natürlich wird durch das Wachstum auch das Bindegewebe der Brust beansprucht. Die Stilldauer hat laut

Gynäkologin Bildau dabei keinen Einfluss darauf, welche Form die Brust nach dem Abstillen hat.

Bleibt das jetzt für immer so?

Nach dem Abstillen bildet sich das Drüsengewebe langsam zurück und wird wieder durch Fettgewebe ersetzt - ein ganz natürlicher Vorgang, der bei jeder Frau unterschiedlich lange dauert. Bei einigen Frauen dauert das sogar mehrere Jahre. Je nachdem, wie viel Brustdrüsengewebe bleibt und wie viel Fett wieder aufgebaut wird, variiert die Form und Größe der Brust. Auch die Festigkeit des Bindegewebes spielt eine Rolle. Neigt die Frau eher zu einem schlaffen Bindegewebe, kann es sein, dass die Brust nicht mehr so straff ist.

Krampfadern

Davon kann ich auch ein Liedchen singen. Ist zum Glück nicht ganz so verbreitet, das heißt, die meisten von euch sind vielleicht verschont geblieben. Denn wie nervig waren bitteschön meine Krampfadern, die ich ab der zweiten Schwangerschaft hatte. Ich hatte daher die Ehre, in der kompletten dritten Schwangerschaft Strapse zu tragen. Oh, pardon, Strapse waren etwas anderes. Meine Teile hießen blickdichte Kompressionsstrümpfe aus der Apotheke. Ähnlich sexy. Für die brauchte ich allerdings vier Männer, um sie anzuziehen. Das ist jetzt bildlich gemeint, bitte das Kopfkino wieder ausstellen. Meine Krampfadern zogen sich dick und blau von der Mitte meiner linken Wade hoch in mein privatestes Gebiet. Es sah riesig aus und ich googelte sofort danach, ob diese Teile eigentlich platzen können unter einer Geburt. Oh ja, huch, das können die wirklich?! Als ich meinen Frauenarzt darauf ansprach, fand er meine Variante noch harmlos. Das überraschte mich. Ich habe nur noch Krampfadern gesehen, wenn ich mein Bein angeschaut habe. Und er bestätigte noch einmal, dass das tatsächlich gefährlich werden könnte unter einer Geburt. Dafür müssten sie allerdings wirklich enorm ausgeprägt sein. Wenn an der Vagina nichts allzu groß angeschwollen sei, wäre das nicht schlimm. Strümpfe sollte ich natürlich trotzdem tragen, um das Gewebe zu entlasten und eine Thrombose zu vermeiden. Nach einer Schwangerschaft gehen die sichtbaren Venen oft wieder zurück – aber eben nur oft[8]. Mir blieben die blauen Schmuckstücke am Oberschenkel und in den Kniekehlen erhalten.

Meine Beine sind meinem Körper nun also etwa sechzig Jahre voraus, und ich zog kaum noch kurze Röcke an und hatte im Schwimmbad immer das Gefühl, dass alle diese dunklen Adern anschauen. Es half nichts, ich dachte jeden Tag daran und hasste diese blauen geschlängelten Linien so sehr.

Ich ging dann zu einem Facharzt und durchlief Voruntersuchungen für eine Operation. Nun gut, medizinisch waren die Krampfadern eher unbedenklich. Aber da sie ab und an schmerzten und sich die Beine oft sehr schwer anfühlten, hätte ich die Operation bezahlt bekommen. Allerdings sollte man sich danach einige Tage ausruhen und möglichst viel liegen. Eine lustige Vorstellung mit drei Kindern im Alter von zwei, vier und sechs Jahren. Noch dazu hält es nicht ewig und die Wahrscheinlichkeit ist groß, dass

8 Vgl. auch https://www.rosenfluh.ch/media/arsmedici/2013/19/Kompression_in_der_Schwangerschaft_lindert_Beschwerden.pdf, Stand der Seite 23.10.2019

sich nach einiger Zeit neue Krampfadern bilden. Die Folge-Operation wäre dann schon nicht mehr ambulant, sondern mit einer Übernachtung im Krankenhaus.

Ich ging noch einmal in mich und wägte ab: Sind die Schmerzen wirklich so schlimm? Oder geht es mir um die Ästhetik? Wenn bei mir die Ästhetik im Vordergrund steht: Warum nehme ich freiwillig einen medizinischen Eingriff in Kauf, um ein paar blaue Adern an den Beinen wegzubekommen, die früher oder später sowieso wieder da sind? Sind meine Krampfadern nicht auch ein Pendant zu Schwangerschaftsstreifen, und sollte ich nicht einfach mit ihnen Frieden schließen?

In den kommenden Jahren würden ohnehin mehr und mehr Alterserscheinungen folgen. Da ich offenbar zu Krampfadern tendiere, würden sie immer ein Teil von mir sein – und ich entschloss mich dazu, ihn zu akzeptieren.

In diesen Bereich fallen übrigens auch die Hämorrhoiden, die nichts anderes als Krampfadern um den Anus herum sind. Sie verschlimmern sich oft durch die Presswehen am Ende einer Geburt und bleiben den frischgebackenen Müttern oft noch erhalten.

Bleibt das jetzt für immer so?
Wie gesagt, die Probleme mit den Thrombosen und den Krampfadern gehen nach den Schwangerschaften wieder zurück, und die hübschen Strümpfe dürfen nach der Geburt in den allermeisten Fällen im Schrank bleiben. Drei Jahre nach der Geburt sind meine Krampfadern viel weniger sichtbar als während meiner dritten Schwangerschaft. Aber sie sind da, und mein Bein erinnert mich nach wie vor an das Bein einer alten Dame. Einer sehr alten, und ich nehme das inzwischen mit Humor.

Auch für Hämorrhoiden ist die Prognose gut und sie bilden sich in vielen Fällen von alleine zurück. Unterstützend wirken Sitzbäder, Zäpfchen oder auch Kompressen mit Nasentropfen. Wenn sich gar nichts tut und die Schmerzen beim Stuhlgang bleiben, ist der Proktologe der richtige Ansprechpartner für euch.

Nächtliches Schwitzen nach der Geburt und in der Stillzeit

Na, wer von euch hatte auch Hitzewallungen nach der Geburt? Ich musste mir abends drei Schlafanzug-Garnituren bereitlegen und mich nachts mehrfach umziehen. Die Sachen waren dann nicht nur etwas verschwitzt. Nein, das Zeug war so klatschnass, als ob ich es gerade aus der Waschmaschine geholt hätte. Dieses Extrem beruhigte sich nach weniger Zeit immerhin wieder. Das Schwitzen lag damals sicherlich auch daran, dass ich mit meinen Schilddrüsentabletten komplett neu eingestellt werden musste. Da bringt so eine Schwangerschaft nämlich richtig viel durcheinander. Leider riechen wir durch die viele Schwitzerei teilweise auch wie ein ungewaschener Iltis, was die Sache unangenehmer macht.

Warum schwitzt man nach der Geburt aber so extrem? Während der Schwangerschaft kommt es laut Gynäkologin Judith Bildau zu einem Anstieg der weiblichen Hormone - Östrogen und Progesteron. Diese fallen nach der Geburt wieder ab. Dieser Vorgang gleicht dem der Wechseljahre. Es kommt zu Schweißausbrüchen, außerdem berichten die Frauen über seelische Verstimmung bis hin zur

Traurigkeit und innerer Unruhe. Das ist alles ganz normal, schließlich fahren die Hormone gerade Achterbahn. Meistens reguliert sich das aber, zum Glück, von ganz allein wieder.

Bei einigen Frauen hält das Schwitzen aufgrund des veränderten Hormonhaushalts aber auch die ganze Stillzeit über an. Während sie selbst das Gefühl haben, permanent zu stinken, ist dieser Geruch für andere allerdings nicht wahrnehmbar. Mir ist keine wissenschaftliche Untersuchung dazu bekannt, aber es könnte auch sein, dass dieser besondere Geruch der Mutter für das Baby einen Wiedererkennungswert hat, der die beiden miteinander verbindet. Eine Freundin berichtete mir dazu, dass ihr Körpergeruch – der sie nach der Entbindung sehr störte – nur von ihrem Mann und ihrem größeren Sohn wahrgenommen werden konnte, nicht aber von anderen Nicht-Familienmitgliedern, die ihr das glaubhaft versicherten und andernfalls auch schonungslos gestanden hätten. Wie gesagt, hier bewege ich mich nur auf dem Gebiet der Spekulation, und wenn eine von euch ähnliche oder andere Erfahrungen damit gemacht hat, würde ich mich sehr darüber freuen, von euch zu hören.

Fest steht: Während der Schwangerschaft lagern wir Frauen im Körper auch Flüssigkeit an, das kennen viele von den verhassten Wassereinlagerungen. Die muss nach der Geburt wieder raus und wird im Wochenbett rausgeschwitzt. Hebammen sagen dazu: In der Schwangerschaft ist der Körper auf »zurückhalten« programmiert (Haare, Wasser) und nach der Geburt auf loslassen (Schweiß, Babyblues mit Tränen, Wochenfluss, Haarausfall).

Auch nach dem Abstillen verändert sich noch einmal der Hormonhaushalt. Und: Es ist möglich, dass die Hormone nach Schwangerschaften und Geburten generell im Ungleichgewicht sind. Grundsätzlich ist es laut Bildau aber eben so, dass Mütter durch verschiedene Stresssituationen, die das Leben mit Kindern mit sich bringt, ins Schwitzen geraten. Stress, Schlafmangel, unregelmäßige Nahrungsaufnahme etc. Das Zusammenspiel all dieser Faktoren kann dann zu einer veränderten Wärmeregulation führen, ergo Schweißausbrüchen.

Bleibt das jetzt für immer so?
Im Zweifel empfiehlt euch Judith Bildau in jedem Fall, eine genaue Blutuntersuchung beim Hausarzt vornehmen zu lassen. Denn es kann natürlich sein, dass euer Körper durch die Schwangerschaft und Geburt in ein Ungleichgewicht gekommen ist. Wenn bei dem Blutbild alles in Ordnung ist, kann es wirklich einfach sein, dass euch euer neues Leben mit den Kindern etwas stärker durcheinanderbringt als früher. Aber unter uns: Eigentlich genieße ich es auch, dass meine Füße nicht mehr ganz so schnell eiskalt sind wie früher.

Pigmentflecken

Schwangerschaften machen tolle Haut? Sicherlich. Zumindest in vielen Fällen. Wie immer gibt es natürlich Ausnahmen, aber bei vielen Frauen sorgt das Baby im Bauch für glatte, rosige Haut.

Allerdings ist die Haut einer Schwangeren auch um einiges empfindlicher als sonst, und Pigmentflecken entstehen sehr viel schneller.

Ich selbst habe leider auch diese Erfahrung gemacht. Seit meiner dritten Schwangerschaft thront eine riesige XXL-Sommersprosse mitten auf der Nase. Ein großer brauner Fleck, der sich seit drei Jahren tapfer hält. Anfangs wollte ich mir den vermeintlichen Dreck immer abrubbeln, wenn ich den braunen Fleck im Spiegel entdeckt habe. Nette Mitmenschen machen mich auch manchmal darauf aufmerksam, dass »ich da etwas habe«. Das ist lieb gemeint, aber ist natürlich nicht so hilfreich für mich.

Klar, Pigmentflecken sind harmlos, aber wenn ich wählen könnte, hätte ich gerne auf den großen braunen Fleck verzichtet. So musste ich mich erst mal an mein neues körpereigenes Accessoire gewöhnen.

Wie entstehen diese neuen Sommersprossen eigentlich?
Runtergebrochen ist es so, dass sich in der Schwangerschaft bekanntermaßen der Hormonspiegel neu sortiert und Progesteron und Östrogen abgehen wie Schmidts' Katze. Da wollen die Melanozyten auch mitspielen, weil sie das natürlich mitbekommen, dass die beiden anderen eine wilde Party feiern. Und genau diese Melanozyten sind dafür verantwortlich, dass mehr Pigmente gebildet werden. Meine Zyttis waren noch recht lieb zu mir und haben mir nur den einen großen Fleck auf der Nase beschert. Wenn die ein bisschen wildere Partys feiern, kann das nämlich auch zu großflächigeren Pigmentstörungen führen.

Bleibt das jetzt für immer so?
Jupp. Die bleiben. Also freundet euch besser mit euren Flecken, Sprossen oder sonstigen braunen Verfärbungen an – wie ihr das schafft, dazu später mehr. Es gibt natürlich vielerlei Kosmetikprodukte, die Linderung versprechen.

Hier ist es wie bei allen Produkten: Ihr könnt euch gerne durch die Sortimente testen, bis ihr etwas gefunden habt, was tatsächlich hilft. Dies könnte aber ein langer, teurer und eventuell auch frustrierender Weg werden.

Vagina – huch, da hat sich doch auch etwas verändert

Zum Abschluss noch ein Thema, das uns in einer öffentlichen Diskussion einen hochroten Kopf bescheren würden. Aber wir sind hier ja quasi unter uns.

Ein Artikel in der FAZ, den ich im Zuge der Recherche fand, bestärkte meine Wahrnehmung, dass es für die weiblichen Geschlechtsteile schon ein kleiner Ritt ist, so eine Schwangerschaft und Geburt: »Nicht weniger als 85 Prozent aller Frauen müssen mit irgendeiner Verletzung ihrer Genitalien, Überdehnung und Abrissen der tragenden Muskeln und Bindegewebsplatten des Beckenbodens oder sogar dem Einreißen der Schließmuskeln des Enddarms rechnen, so beziffert es eine Übersichtsarbeit aus dem vergangenen Jahr.« [9]

Auch andere Portale berichten übereinstimmend von achtzig bis neunzig Prozent Verletzungen im Intimbereich. Das ist viel, ja, wirklich enorm. Es spricht nur kaum jemand drüber, dass wir Frauen nach der Geburt unter Hämorrhoiden, Krampfadern an der Vagina, Beckenboden-

---

9 Quelle: http://www.faz.net/aktuell/wissen/medizin-ernaehrung/natuerliche-geburten-koennen-dem-beckenboden-schaden-14059408.html (Stand der Seite 23.10.2019)

problemen bis hin zur Inkontinenz und schlecht heilenden Wunden am After und zu engen Nähten an der Scheide leiden. Gerade wenn ihr nach der Geburt Probleme habt zu sitzen oder ihr weiterhin unter großen Schmerzen leidet, holt euch eine weitere Meinung zu der Naht ein. In nicht wenigen Fällen sollte die Naht noch einmal besser genäht werden – das ist kurzfristig noch einmal schmerzhaft, aber danach wird es euch besser gehen und die Wunde wird umso schneller heilen.

Wird die Vagina denn wirklich größer? Ja, und zwar laut Frauenärztin Judith Bildau nicht nur während der Geburt, sondern vor allem während der Schwangerschaft. Das liegt an der deutlich höheren Durchblutung. Dadurch entstehen dann auch die Krampfadern. Durch die Geburt wird sie dann noch einmal kräftig gedehnt und wirkt danach noch einmal voluminöser.

Nach der Geburt findet dann langsam eine Rückbildung statt. Je nach Veranlagung und Bindegewebe kann sie etwas größer bleiben und sich auch in der Form verändern. Judith Bildau empfiehlt an dieser Stelle auch noch einmal, die Rückbildung der Vagina (und natürlich auch die, des Beckenbodens) mit Rückbildungsgymnastik zu unterstützen.

Natürlich wollte ich auch von ihr wissen, ob eine Geburt wissenschaftlich betrachtet das Sexleben in irgendeiner Form verändert. Sowohl eine Schwangerschaft, als auch eine Geburt können das Sexualleben verändern, sagt sie. Zum einen könnte sich der neue Umstand positiv auswirken: Die Frau fühlt sich in der Schwangerschaft pudelwohl in ihrem Körper, ist stolz auf ihn und emotional ihrem Partner sehr zugewandt. Die Hormone beflügeln und sowohl Vagina, als auch Klitoris sind stärker durchblutet. In diesem Fall kann auch in einer Schwangerschaft das Sexualleben an Qualität gewinnen. Viele Frauen fühlen sich auch nach einer Geburt sehr wohl mit ihrem Körper, mögen vielleicht ihre volleren Brüste. Das kann auf den Partner sehr stimulierend wirken und auch hier profitiert der Sex.

Es gibt aber auch negative Fälle: Zum Beispiel haben manche Frauen eine eingeschränkte Lust in der Schwangerschaft, weil sie mit der Veränderung ihres Körpers hadern und die werdenden Eltern vielleicht Angst davor haben, das Baby »zu verletzen« . Nach der Geburt können schlecht heilende oder große Geburtsverletzungen die Lust deutlich schmälern. Je nachdem, ob die Geburt traumatisch war (sowohl für Mutter, als auch für Vater) können Probleme mit körperlicher Nähe bestehen. Rein körperlich betrachtet verändert sowohl eine Schwangerschaft als auch eine Geburt das sexuelle Lustempfinden bei der Frau nicht, sagt Judith Bildau. Dass es durch eine vaginale Geburt zu einem Verlust der Orgasmusfähigkeit kommen kann, ist ihr zufolge reiner Unsinn. Hierbei spielt weder die Beschaffenheit des Beckenbodens, noch die Größe der Vagina eine Rolle, weil der Orgasmus durch Stimulation der Klitoris ausgelöst wird. Zudem wird der Beckenboden hauptsächlich durch die Schwangerschaft und gar nicht durch die Geburt belastet.

Exkurs: Scheidenpupse

Manche Frauen leiden nach der Geburt oder vielleicht auch schon vorher unter Flatus Vaginalis, so genannten Scheidenpupsen. Diese entstehen, wenn in der Vagina einer Frau noch Platz für Luft ist und je nach Bewegungen beim

Sex, Sport oder Hausputz, Luft einströmen kann. Das Problem liegt dann darin, wenn man die nächste Bewegung vornimmt und die Scheide wieder zusammengedrückt wird, wodurch die eingeströmte Luft wieder entweicht. Das klingt wie ein Pups, den Frauen auch nicht unterdrücken können. Gerade kurz nach der Geburt kommt es bei vielen Frauen vor, und so passiert es der ein oder anderen auch bei der Rückbildung, was einfach total normal ist. Es gibt - wie es leider bei so vielen spezifischen Frauenproblemen der Fall ist - kaum hilfreiche Literatur dazu. Aber ich habe alles, was helfen könnte, hier für euch zusammengetragen.

Wenn euer Beckenboden trainiert ist, könnt ihr das Problem minimieren, da die Vagina dadurch von oben stabilisiert ist. Manche Frauen tragen beim Sport auch einen Tampon oder eine Menstruationstasse, um dem Problem vorzubeugen, dadurch ist der potenzielle Hohlraum ausgefüllt.

Beim Thema Sex und Scheidenpupse bin ich auf keine hilfreichen Informationen gestoßen, was ihr tun könntet. Außer, nett lächeln und weitermachen. Geräusche und Körperflüssigkeiten gehören ja sowieso zum Akt dazu und es sollte hier hoffentlich kein allzu großes Problem für euch oder euren Partner sein.

Wenn ihr merkt, dass in der Öffentlichkeit Luft entweichen möchte, hustet einfach laut oder bewegt euch geräuschvoll und übertönt es damit. Wenn ihr denkt, dass es vielleicht jemand gehört hat: Tut einfach, als ob nichts war. Im Zweifel hat es keiner wahrgenommen, oder die Frauen um euch herum kennen das Problem vielleicht auch und fühlen sich mit euch verbunden.

Bleibt das jetzt für immer so?
Wie Judith Bildau schreibt, kann alles so bleiben, muss es aber nicht. Vieles ist einfach Veranlagung, und letztendlich wissen wir alle nicht, wie individuell sich eine Frau nach sechs Monaten, zwei Jahren oder auch fünf Jahren nach einer Geburt verändert. Eine Rückbildung ist nicht nach ein paar Wochen abgeschlossen und so wie sich die überflüssige Haut am Bauch noch über mehrere Jahre zurückbildet, ist dies auch in unserer intimen Zone.

DAS GUTE IST:
KEINE FRAU HAT ALLE PROBLEME

Puh, das waren jetzt einige richtig schwere Themen. Nicht nur für euch, auch für mich. Letztendlich ist es für uns alle eine Bewältigungsreise, um uns in unserem neuen Körper wieder wohlfühlen zu können und genau zu wissen, was da eigentlich alles passiert ist und wie es weitergeht.das Gute ist, dass es wohl keine Frau gibt, die wirklich alle der beschriebenen Probleme hat. Jede von uns hat einfach ihr Päckchen zu tragen. Die eine Partie wurde sicherlich etwas mehr beansprucht als eine andere und von einem dritten Thema waren wir glücklicherweise gar nicht betroffen.

Letztendlich sitzen wir Mütter alle in einem Boot, unabhängig davon, wer von uns welche Veränderungen mitmachen musste. Wir haben durch die Schwangerschaft(en) und Geburt(en) eine wahnsinnige Reise hinter uns und erkennen unseren Körper teilweise nicht mehr wieder. Die Auswirkungen sind komplett unterschiedlich, nicht alles ist für Außenstehende wahrnehmbar und doch dürfen wir wissen: Wir haben da wirklich viel geleistet. Jede einzelne und jeder einzelne Körper.

GEGENBEWEGUNG
#POSTPARTUMBODY

Zum Glück gibt es immer mehr Frauen, die bei dem Bodyshaming nicht mehr mitmachen. Das sind nicht nur ein paar wenige Prominente, sondern Frauen wie du und ich. Frauen, die sich nach der Geburt zeigen möchten, wie sie aussehen und nicht so, wie es die Gesellschaft von ihnen erwartet. Meghan Boggs, eine Instagram-Bloggerin mit über 80.000 Followern startete auf der Plattform im Sommer 2018 die Initiative #this_is_postpartum.

Unter diesem Hashtag zeigen unterschiedlichste Frauen bei Instagram ihren Körper nach der Schwangerschaft und Geburt. Was wir auf den Fotos sehen, ist komplett normal und natürlich: Es sind weiche Mamabäuche, gedehntes Gewebe und frische, dunkellila Tigerstreifen.

Im Zuge meiner Recherche für das Buch habe ich die Texanerin kontaktiert und durfte ein kleines Interview mit ihr führen. Mich interessierte vor allem, warum es ihr so wichtig war, Frauen von der ganzen Welt unter diesem Hashtag miteinander zu verknüpfen.

»Unsere Körper sind so unterschiedlich in jeder Phase nach der Geburt. Es kann damit enden, dass wir uns einsam fühlen und auch so, als ob unser Körper uns im Stich gelassen hat. Wenn wir aber unsere Stimme erheben und unsere Erfahrungen teilen, merken wir schnell, dass wir damit nicht alleine sind und es gibt viele Frauen da draußen, denen wir damit helfen, ihren Körper zu akzeptieren« , schrieb mir Meg Boggs.

Jeden Tag bekomme sie Nachrichten von Frauen, die dankbar sind für diese Initiative und sich nun endlich mehr lieben können, weil sie wissen, dass es unheimlich viele Frauen da draußen gibt, die mit ähnlichen Problemen kämpfen.

Ich stieß zum ersten Mal auf die Bewegung, als es gerade einmal fünfzehn Beiträge dazu gab und freute mich unheimlich darüber, dass sich jemand für dieses Thema stark machte. Nach etwa vier Wochen gab es schon 650 Beiträge dazu und inzwischen sind es weit über fünftausend – das heißt, viele mutige Frauen zeigen ihren Körper, wie er nach einer Schwangerschaft und Geburt kurz- oder langfristig eben aussieht.

Das zeigt eindeutig, dass wir Mamas uns nicht mehr verstecken möchten mit diesen Konsequenzen, die unsere wunderschönen Babys nun einmal für unsere Körper bringen.

Es ist Zeit, dass unsere Gesellschaft, die vornehmlich Idealfiguren und Fotos mit Filter abbildet, auch das wahre Leben zeigt. Und dass wir Mütter es als selbstverständlich ansehen, dass unsere Körper nach der Geburt eben anders sind.

Wir haben durch den technischen Fortschritt vieles im Griff. Aber eines ändert sich nicht: So wie vor fünftausend, zweitausend und hundert Jahren haben wir Mamas einfach einen etwas anderen Körper als junge Frauen, die noch keine Kinder geboren haben. Das ist so, seit es Menschen gibt und damit normaler als Autofahren, telefonieren oder genähte Kleidung zu tragen.

Daher wird es Zeit, dass wir diesem Umstand endlich die Normalität zugestehen, die er verdient hat und endlich unseren Seelenfrieden damit schließen können. Diese Bewegung ist daher ein erster Schritt in die richtige Richtung, der längst überfällig war.

DIE GEBURT ALS
EINSCHNEIDENDES ERLEBNIS

Okay, wir haben es eben schwarz auf weiß gelesen. Die körperlichen Veränderungen nach einer oder mehreren Schwangerschaften sind oft groß – auch wenn sie auf den ersten Blick vielleicht nicht erkennbar sind, weil sie gekonnt kaschiert werden können. Die meisten Mütter kämpfen damit, ihren Körper wieder kennen- und lieben zu lernen. Gejammert haben wir jetzt allerdings genug darüber. Wir wissen, dass wir alle in einem Boot sitzen, und nun müssen wir schauen, dass der Kutter in die richtige Richtung schippert. Nämlich hin zum Kap des guten Körpergefühls und nicht in Richtung der Bucht der Selbstbemitleidung.

Lasst uns nun zusammen schauen, wie wir das hinbekommen, dass wir uns besser fühlen. Mehr in uns ruhen. Uns etwas lieber mögen, eher akzeptieren, vielleicht sogar auch toll finden.

Dazu ist für mich der erste Schritt, dass wir dorthin zurückschauen, wo die Reise unseres Mama-Körpers begonnen hat: Zu der Geburt unseres Kindes oder unserer Kinder.

Ich möchte, dass ihr mit euch und den Geburten im Reinen seid und daher nehmen wir uns die Zeit, diesen einschneidenden Einschnitt zusammen zu beleuchten.

DER ERSTE SCHRITT: GEBURTSERLEBNISSE AKZEPTIEREN

Ich habe mich in den letzten sieben Jahren intensiv mit zahlreichen Müttern unterhalten und dabei festgestellt, dass viele noch nicht in ihrer neuen Rolle und ihrem neuen Körper angekommen sind, weil sie noch am Geburtserlebnis knabbern. Die meisten eher heimlich, still und leise. Sie verraten es nur ab und zu nebenbei, als ob es nichts Großes wäre. Und doch klingt immer so eine tiefe Traurigkeit mit, die ich deutlich spüre. Vielleicht, weil die Geburt ganz anders lief, als sie sich das vorgestellt hatten. Vielleicht, weil sie schmerzhafter war, als gedacht oder weil es am Ende ein Notkaiserschnitt wurde, der so plötzlich vorgenommen wurde, dass sie sich von dem Schock immer noch nicht ganz erholt hat. Gerade ein Kaiserschnitt drückt Mamas außerdem oft einen vermeintlichen Makel auf, unter dem sie sehr leiden. Aber warum eigentlich? Diese wunderbare Frau hat in ihrem Körper ein Leben heranwachsen lassen. Sie hat es unter ihrem Herzen getragen, ihr Blut mit dem Baby geteilt, mit ihm gesprochen, für das kleine Wesen gesungen, ihr Leben angepasst und täglich mit Angst und Sorge gehofft, dass es gesund ist, wächst und stärker wird. Alle Mütter haben es möglich gemacht, dass das Baby wächst und überlebensfähig wird. Warum sollte das »Wie« der Geburt überhaupt eine Rolle spielen? Aber ihr wisst das ja auch: Es gibt einfach viele Menschen, die alles Mögliche gerne kommentieren. Vielleicht sagen diese Leute, dass es viel schöner und natürlicher ist, wenn die Kinder nicht mit einem Kaiserschnitt auf die Welt kommen. Oder sie entrüsten sich, dass eine Geburt ja gar nicht so schlimm sein kann und eine PDA doch Gift für das Baby ist.

Es ist oft so, dass diese Menschen entweder keine Mütter sind oder sie hatten das Glück, eine extrem unkomplizierte Geburt erleben zu dürfen. Naja, oder sie reden einfach etwas, über das sie eigentlich zu wenig nachgedacht haben.

Denn klar ist, wenn man selbst eine komplizierte und schmerzhafte Geburt hatte, vielleicht von vorne bis hinten gerissen ist und anschließend lange nicht sitzen konnte, wird man wohl nicht auf die Idee kommen, eine Geburt kleinzureden.

Eine Freundin von mir hat sich beispielsweise stundenlang durch Wehen gequält, aber plötzlich konnten die Ärzte keine Herztöne mehr finden. Schwupps, war das gesamte Zimmer voll mit medizinischem Personal, und innerhalb von Sekunden wurde entschieden, dass es einen Notkaiserschnitt gibt.

Wer würde da denn bitteschön eine natürliche Geburt bevorzugen, die Mutter und Kind in Gefahr bringt? Natürlich, als Unbeteiligter sagt sich das leicht, ob der Kaiserschnitt denn da wirklich notwendig gewesen wäre. Weil man nicht diese intensiven Gefühle und Ängste hat, wie wenn man selbst betroffen ist.

Mir selbst wurde bei der dritten Geburt sowohl von meinem Frauenarzt als auch von dem in der Klinik ein Kaiserschnitt empfohlen, weil mehrere Messungen ergeben haben, dass dieses Kind überdurchschnittlich groß sein wird. Für einen kleinen Hüpfer wie mich (1.61 Meter) kamen mir die vorhergesagten 4.3 Kilogramm tatsächlich groß vor. Da es mein drittes Baby war, wollte ich es allerdings natürlich versuchen. Die anderen beiden Kinder hatten ja bereits Vorarbeit geleistet und den Geburtskanal vorgedehnt. Und was passierte? Der kleine Babyjunge blieb während der Geburt tatsächlich mit den Schultern stecken, und es ging erst nach mehreren Turnübungen wieder voran. Ich kann euch versichern, dass solche Gymnastik keinen Spaß macht, wenn der Kopf des Babys schon geboren wurde und komplett frei hängt, aber danach nichts vorangeht und man diverse Positionen einnehmen muss, damit der Rest des Kindes auch zur Welt kommt.

Ich habe eine Bekannte, die eine ähnliche Geburtssituation hatte, und da hat sich das Baby während der Geburt leider das Schlüsselbein gebrochen. Sie hatte entsprechend Angst vor der zweiten Geburt und ich persönlich hätte es ihr nicht verübelt, wenn sie sich für einen Kaiserschnitt entschieden hätte.

Ihr könnt euch vorstellen, wie froh und dankbar ich war, dass mein dritter Sohn letztendlich gesund auf die Welt flutschte und wir beide keine größeren Schäden davongetragen hatten.

Denn wäre er steckengeblieben, wäre es richtig kompliziert geworden, und meine schnelle Geburt wäre sicher nicht so harmlos ausgegangen. Ich mag gar nicht drüber nachdenken und doch kann ich diese Gedanken ab und zu nicht aufhalten. Dann legt sich eine bleierne Schwere um mein Herz, und ich grüble darüber, wie schlimm es gewesen wäre, wenn die Schulter nicht von alleine herausgekommen wäre.

So eine Geburt ist wirklich eine riesige Sache. Je nach Umständen lebensgefährlich für beide Seiten. Wer mag sich da anmaßen zu sagen, dass ein von Ärzten empfohlener Kaiserschnitt wegen der Größe des Babys, der Lage oder aus einem anderen Grund hätte vermieden werden können? Kein Mensch darf das.

Denn die Maxime muss immer sein, dass Mutter und Kind gesund durch den Geburtsprozess kommen und keinen Schaden nehmen. Der Rest geht keinen etwas an und hat lediglich die werdende Mutter mit dem Arzt zu klären.

Natürlich mag es die ein oder andere Geburt geben, bei der der Kaiserschnitt nicht unbedingt notwendig ist oder bei der die Mutter aus nicht nachvollziehbaren Gründen auf einen Kaiserschnitt gedrängt hat. Aber auch in diesem Fall geht es uns einfach nichts an.

Wir kennen nicht die genaue Vorgeschichte dieser Frau, wir können die individuelle Belastungsgrenze der Frau nicht einschätzen, und diese Mutter wird schon ihre Gründe haben, warum eine Operation die bessere Lösung zu sein scheint.

Vielleicht wird sie später dennoch eine bessere Mutter als wir alle zusammen? Vielleicht hatte sie schon einmal eine andere Geburt, die so traumatisch für sie war, dass sie keinen anderen Weg sieht? Vielleicht ist eine Tante während einer Geburt gestorben?

Sie hat sicherlich ihre Gründe, die sie aber einfach nicht mit uns teilen möchte. Und wenn sie diese nicht hat, ist das auch in Ordnung. Denn sie wird operiert und nicht wir.

Sie trägt letztendlich diese Narbe am Bauch, also geht es uns auch nichts an. Deshalb, liebe Kaiserschnittmütter, gebt nichts auf dieses Gerede und versucht, solches Geschwätz auszublenden.

Dann gibt es natürlich jene Mütter, die ich gerade erwähnt habe, die von einem Kaiserschnitt überrascht werden, weil die Geburt eine unerwartete Wendung nimmt oder das Baby sich zu früh auf den Weg macht.

Frauen, die ungewollt per Kaiserschnitt entbunden haben, hadern nach der Geburt am häufigsten damit, dass es doch keine natürliche Geburt wurde.

Da gibt es eine wundervolle Maßnahme, die diesen Müttern helfen kann, mit dem Erlebten Frieden zu schließen: Sie können nach der Geburt ein so genanntes »Bondingbad« oder auch »Mama-Baby-Heilbad« nehmen. Das geht kurz nach der Geburt oder auch später, wann immer der Mutter der Sinn danach steht. Dieses Bad ist ein bisschen wie ein emotionaler Neustart für das Baby und die Mutter. Die Idee stammt meinen Recherchen zufolge von der Schweizer Hebamme Brigitte Meissner, die damit Müttern nach Kaiserschnitt-Geburten sehr erfolgreich half, das Bonding zwischen den beiden Seiten zu stärken und das Erlebte aufzuarbeiten.

Mit dem Bondingbad soll der Moment nach der Entbindung nachempfunden werden. Das Baby wird im warmen Wasser gebadet und danach der Mutter nackt und feucht auf die nackte Brust gelegt. Es ist auch möglich, dass beide zusammen baden und danach zusammen warm eingekuschelt in Ruhe das Erlebnis der Ankunft nachholen. Bitte tauscht euch dazu mit eurer Hebamme aus und lasst euch im besten Fall bei dem Bondingbad begleiten.

Brigitte Meissner beschreibt die Methode auf der Seite https://www.herzensfaden.com/babyheilbad/ und stellt Müttern hier auch ein PDF mit einer genauen Anleitung zur Umsetzung bereit.

Generell kann ich euch nach einer schweren Geburt empfehlen, im besten Fall mit der Hebamme oder auch einer anderen Vertrauensperson zu sprechen und den Ballast loszuwerden und all das Erlebte aufzuarbeiten. Wenn euch der direkte Austausch schwerfällt, holt euch zumindest Bücher zu dem Thema. Es gibt hier einiges an Literatur und mit Sicherheit ist etwas dabei, was euch bei der Aufarbeitung weiterhelfen wird. Es ist immer besser, sich einem Thema zu stellen und es aufzuarbeiten als es nur in sich hineinzufressen. Dazu gleich noch einmal mehr.

GEBURTSVORBEREITUNG: WIE VIELE INFORMATIONEN BRAUCHE ICH?

Wir sind heutzutage überinformiert und haben den Drang, alles perfekt machen zu wollen. Das beginnt natürlich schon mit dem Geburtsvorbereitungskurs. Ich fand ihn damals wichtig – zumindest beim ersten Kind. Und ja, der Kurs war hilfreich und nett. Aber für mich persönlich wäre es auch ohne einen gegangen. Denn dort bin ich bereits den ersten Horrorgeschichten begegnet (»Meine Freundin hat dann ja ungeplant zuhause entbunden, weil sie zu lange gewartet hat. Woran merke ich, dass ich nicht zu lange warte?«), auf die ich hätte verzichten können. Bis dahin hatte ich gedacht, mein Körper sendet mir die richtigen Signale. Aber was ich an den Abenden gehört habe, ließ mich wirklich am gesunden Menschenverstand zweifeln. Und wie sollte ich mir alle Informationen merken, die mir dort vermittelt wurden? Welchen Ton wollte ich während der Geburt summen? Welche Kleidung einpacken? Welche Geburtsposition hatte mir bei der Trockenübung am besten gefallen - an diesem gemütlichen Montagabend, an dem ich noch keine Ahnung hatte, wie schmerzhaft Wehen wirklich sind und dass sie nicht wirklich Spaß machen. Und dann habe ich noch so tolle Dinge kennengelernt wie die Damm-Massage, die auch gerne der Partner ausführen darf. Ach nee, lasst mal gut sein. Einen Rest Würde wollte ich mir bewahren und ich beschloss mutig darauf zu verzichten. Mir war und ist bewusst, dass viele Frauen sie wichtig und unverzichtbar finden. Ich gehörte aber nicht zu diesem Kreis. Dann riskiere ich lieber Geburtsverletzungen, beschloss ich. Dafür nahm ich das empfohlene Heublumen-Sitzbad und beherzigte dabei den wunderbaren Tipp der Hebamme, den Topf mit dem Heubad in die Toilettenschüssel zu stellen.

Ich stellte also einen Topf mit wohlduftenden Heublumen und pieksigen Grashalmen, die in heißem Wasser schwimmen, in meine Toilette und setze mich auf den Toilettenring. Ich fand das ehrlich gesagt würdelos. Und dieses Dampfbad sollte also helfen, dass mein Damm während der Geburt nicht reißt? Ich hatte Zweifel, ganz leise in mir drin. Gleichzeitig dachte ich aber: Man macht es eben so! Stell dich nicht so an, Miriam. Bauchgefühl aus, der Kopf bleibt an: Ich ziehe das jetzt durch.

Ich saß also einige Minuten poposaunierend auf der Toilette und plötzlich war mir mein dicker Bauch im Weg - ich stand ja kurz vor der Geburt - und ich wuchtete mein Gewicht mit Schwung einmal quer über den Toilettenring. Dabei passierte es. Ich rutschte mit dem Po zu weit nach unten und piekste mir in vollem Schwung mit einem spitzen Heuhalm in eine Körperstelle am Allerwertesten, die sehr intim ist. Also richtig intim. Sie ist dort, wo keine Sonne hinscheint. Ihr wisst schon. Aua. Das tat weh, und zwar sehr. Ich brach das Heupopobad jammernd und fluchend ab und cremte meine aufgestochene Stelle mit Wundcreme ein. Viele Tage lang. Denn die Stelle blieb lange offen und tat sehr weh.

Bei jedem Cremen dachte ich zwangsläufig an das Heublumenbad, weil die Stichwunde sehr schmerzhaft war. Und ich gab mir ein Versprechen: Ab sofort würde ich bei der Geburtsvorbereitung nur noch auf mein Bauchgefühl hören. Frauen im tiefsten Urwald bringen Kinder zur Welt, andere alleine in ihren Bädern – warum sollte ich es nur dann unbeschadet überstehen, wenn ich all diese Tipps umsetzte.

Ich würde natürlich in ein Krankenhaus gehen zum Entbinden, weil es zu meinem Bauchgefühl passte. Aber meine Maxime war ab sofort: Ohren auf Durchzug schalten bei all diesen unzähligen Tipps und mich auf mich konzentrieren. Vor allem würde ich auch immer mein Bauchgefühl über meinen Kopf stellen. Ein Entschluss, der mir in den kommenden Jahren noch sehr oft helfen sollte – auch beim Thema Erziehung. Das Bauchgefühl würde ich ab sofort immer ernst nehmen.

GEBURT:
VORSTELLUNGEN VS. REALITÄT

Ich hatte vor meinem ersten Kind schon vernommen, dass es schwierig sein könnte, mit allzu genauen Vorstellungen in die Geburt zu gehen. Man könne nur enttäuscht werden, weil jede Geburt individuell war und genaue Vorstellungen nur ablenken. Jaja, die werden schon Recht haben. Aber so ein bisschen eine Vorstellung schadet ja sicher nicht. Dachte ich so leise still und heimlich in mich hinein.

Deshalb nahm ich mir immerhin einen Punk vor: Ich würde während der Eröffnungsphase verschiedene Positionen ausprobieren, um für die Geburt die zu finden, die etwas für mich war.

Hahaha. Ihr hört mich an dieser Stelle lachen. Meine einzige Vorstellung wurde jäh vernichtet, als ich während der Geburt – ich lag im Kreißsaal auf dem Bett und hatte bereits eine PDA – schüchtern sagte: »Ich würde jetzt gern eine andere Position versuchen.« Die Hebamme sah mich an, als ob ich gerade gesagt habe, dass ich jetzt nach Hause gehe und das Kind alleine bekomme. Ungläubig erwiderte sie: »Liebe Frau Fuz, Sie haben einen Harnkatheder. Sie bleiben mir schön liegen.« Oooooh. Da ging sie dahin, meine einzige Vorstellung von der Geburt, die ich mir gemacht hatte. Ich war durch die PDA verdammt, auf dem Bett zu bleiben.

Aber, liebe Freunde, ich hatte ja schon 18 Monate später die nächste Geburt. Und ich war so unglaublich schlau. Ich dachte mir: »Da gehe ich einfach ganz entspannt in den Kreißsaal und lasse alles auf mich zukommen. Ohne genaue Vorstellungen.«

Hahaha, ich lache an dieser Stelle wieder. Denn mein zweiter Sohn hatte es so eilig, dass ich es nicht einmal in einen Kreißsaal schaffte. In dieser Nacht brachte nämlich die ganze Stadt seine Kinder zur Welt und alle Kreißsäle in diesem megagroßen Krankenhaus waren belegt. Er kam daher in einem Krankenzimmer zur Welt, während mein Mann daneben das Bett abzog, damit man in dem etwas kühleren Zimmer etwas hatte, um das Kind nach der Geburt zuzudecken.

Die Hebamme schrie der Ärztin auf dem Flur etwas von einem Geburtsset zu, das sie bringen sollte und dann war das Kindchen auch schon da. Zwar in keinem Kreißsaal, wie ich mir das gedacht hatte, aber fit und wohlbehalten.

Ich bekam ja sogar noch ein drittes Kind. Und ich hatte euch erzählt, dass dieses Kind extrem groß geschätzt wurde und die Ärzte mir zu einem Kaiserschnitt rieten. Aber, als bald dreifache Mutter, war ich ja ein Fuchs. Ich wagte es und legte mir erneut einen Minimalplan für die Geburt zurecht – nicht zu viele Vorstellungen, das würde nicht funktionieren. So schlau war ich inzwischen.

Aber einmal würde es sicherlich mit einer meiner Ideen klappen. Da war ich mir sicher. Für die Eröffnungsphase würde ich nämlich in die Wanne gehen. Falls es klappen würde, auch gerne noch für die Geburt. Aber ich wollte mich mental nicht allzu sehr einschießen, um nicht enttäuscht zu werden.

So sollte die Geburt mit dem groß geschätzten Baby doch zu machen sein, ohne dass ich komplett zerreißen würde. Ach ja, ich freute mich auf die Zeit im Wasser und darauf, dass dieses große Kind so etwas leichter zur Welt kommen würde.

Eine PDA würde ich mir nicht geben lassen und dann würde meiner Planscherei nichts im Wege stehen, dachte ich - und ihr ahnt es bereits.

Die Geburt begann mit einer Einleitung, da etwas Fruchtwasser abgegangen war und ich noch keine Wehen hatte. Ich war stationär in der Klinik und bekam bereits Tabletten, aber es tat sich noch nichts. Ich äußerte meinen Wunsch nach der Wanne und die Hebamme wies mich darauf hin, dass jetzt Schichtwechsel sei und ihre Nachfolgerin mir die Wanne aber direkt einlassen würde. Yeah! Dieses Mal klappte es. Meine Vorstellung von der Wanne würde wahr werden und mein Riesenbaby vielleicht sogar im Wasser behutsam in die Welt flutschen. Ich freute mich.

Während ich mich freute, begann auch etwas anderes.

Wumms, in dem Moment begannen die Tabletten, die ich zur Einleitung bekommen hatte, so richtig zu wirken und es tobte ein regelrechter Wehensturm. Leider fielen parallel die Herztöne des Kleinen ab und waren nicht nur schlecht, sondern auch unregelmäßig. Es war klar: Ich darf nicht in die Wanne. Stattdessen wurde ich ans CTG gehängt und strengstens überwacht. Von da an hatte der Kleine es auch ziemlich eilig und kam nur 60 Minuten später zur Welt. Deshalb blieb es dabei, keine Wanne für Miriam. Dafür bekam ich ein Kind, das noch mit den Schultern steckenblieb, und leider eine etwas breite Schneise der Verwüstung hinterließ. Aber nun gut, der Schaden hielt sich in Grenzen für seine 4.6 Kilogramm – das muss ich sagen. Nach einer Woche war alles verheilt. Nur der Wanne trauerte ich noch längere Zeit hinterher.

Ihr seht: Ich hatte dreimal minimale Vorstellungen, wie eine Geburt für mich möglichst entspannt ablaufen könnte, und dreimal wurde ich enttäuscht. Ich hatte insgesamt drei schöne Geburten, allerdings bleiben diese Wermutstropfen, dass ich wirklich gar keine meiner Vorstellungen einlösen konnte.

Eine Geburt kann man nicht planen und wir sollten uns am besten vorher schon von all unseren Vorstellungen verabschieden und uns frei treiben lassen.

Vielleicht geht es euch wie mir und die Geburt lief anders als gedacht. Dann ignoriert es nicht, denn letztendlich wirkt sich das auf euer Körpergefühl nach der Schwangerschaft aus.

Viele Frauen müssen Frieden mit der Geburt schließen, um ihren neuen Körper annehmen zu können.

VERARBEITUNG BRAUCHT
OFT LANGE

Am besten wäre, die Geburt einfach abzuhaken und sich mit dem Verlauf anzufreunden. Denn es ist sowieso passiert, wie es passiert ist. Wir können zurückliegende Dinge nicht ändern. Aber ich weiß es, ihr wisst es: Wem gelingt das schon. Wahrscheinlich nur den allerwenigsten Frauen. Denn sogar ich vermisste die Erfahrung einer Wassergeburt lange und auch ein bisschen schmerzlich.

Ihr seid damit nicht alleine, dass die Wunschvorstellung und die Realität auseinandergehen. Wir sind viele. Ich bin eine von euch. Aber was bringt es mir, damit zu hadern, dass ich kein Kind genauso empfangen durfte, wie ich es wollte? Eine selbstbestimmte Geburt, wie es das heutzutage ab und zu gibt, wäre für mich nicht in Frage gekommen. Ich bevorzuge die Gewissheit, dass Ärzte in der Nähe sind, die sich um mich und das Kind kümmern, wenn es einen Zwischenfall gibt. Und sobald man sich entscheidet, in einem Krankenhaus zu gebären, ist man einfach fremdbestimmter als zuhause. Aber dafür auch in sicheren Händen, wenn es zu Komplikationen kommt.

Wir sollten uns mit dem Weg anfreunden, der uns den neuen Mamakörper geschenkt hat. Dazu gehört zum einen die Schwangerschaft, zum anderen die Geburt. Denn durch diese beiden Dinge seid ihr eine neue Person geworden. Erst wenn ihr euch bewusst seid, was euer Körper geleistet hat, in vollem Ausmaß, werdet ihr ihn mit anderen Augen sehen. Die Kaiserschnittnarbe erinnert euch vielleicht an das plötzliche Ende der natürlichen Geburt. Aber auch an das Wunder, dass ihr beide trotz Komplikationen gesund da rausgekommen seid. Die Tigerstreifen kamen euch anfangs vielleicht wie ein Makel vor. Aber unter ihnen wuchs das Baby zu seiner vollen Größe heran, das ihr unter Schmerzen, Leid und Tränen auf die Welt gebracht habt. Ihr habt ihm durch eure Leistung, egal auf welche Art, das Leben geschenkt.

Was könnt ihr aber aktiv tun, um den Geburtsverlauf anzunehmen und damit auch euren Körper? Ich habe mit Müttern und Hebammen gesprochen und für euch die hilfreichsten Tipps zusammengetragen:

- Sprecht mit anderen Müttern darüber. Vor allem mit denjenigen, die vielleicht auch eine kompliziertere Geburt hatten.
- Fordert den Geburtsverlauf in der Klinik an, in der ihr entbunden habt. Ich habe das auch getan und es war beruhigend, diesen anzuschauen und durchzugehen. Ihr könnt ihn alleine lesen oder gemeinsam mit eurer Hebamme oder eurem Frauenarzt.
- Wenn es möglich ist, könnt ihr auch die Hebamme um ein Gespräch bitten, die bei der Geburt Dienst hatte.
- Lest ein Buch zu dem Thema »Bewältigung traumatischer Geburten« .
- Schreibt einen Geburtsbericht. Nur für euch selbst. Schreibt euch alles von der Seele und gebt die Last somit ab. Durch das Schreiben heilt ihr euch selbst und ordnet eure Gefühle.
- Sucht Kontakt zu einer Gesprächsgruppe, einer Schwangerenberatung (ja, das geht auch nach der Geburt) oder auch Schatten & Licht e. V.
- Auf der Seite www.Kaiserschnitt-Netzwerk.de fin-

den Kaiserschnittmütter viele wertvolle Informationen.

- Wenn ihr noch ein weiteres Kind bekommen wollt: Sprecht offen mit eurer Hebamme, damit ihr die kommende Geburt so vorbereiten könnt, dass ihr euch wohlfühlt. Ja, es wird vielleicht wieder etwas Unerwartetes kommen. Aber wenn ihr zum Beispiel keine PDA möchtet, weil die letzte falsch gesetzt wurde, kann dies schon vor der Geburt angegeben werden.

Sicher, die körperlichen Veränderungen werden uns ein Leben lang an die Geburt erinnern – egal, ob sie nun schön oder traumatisch war. Aber letztendlich ist unser Körper immer die Summe unseres Lebens. Meine vernarbten Knie trage ich ein Leben lang, weil ich als Kind ein kleiner Wildfang war, die Narben an den Fingern erinnern mich an die Schulzeit, weil der Linolschnitt in der Schule zu zwei tiefen Wunden führte, die Narbe auf der Stirn an meine Zeit als Kleinkind, weil ich in Stricknadeln gefallen bin, die kleine kahle Stelle unter meinen Haaren an einen Sonntagsausflug der besonderen Art. An dieser Stelle flickte mich ein Notfallmediziner mit mehreren Stichen zusammen, weil ich zu wild geschaukelt hatte und auf einer Steinplatte gelandet war.

Unser Körper erzählt Geschichten und ich mag den Gedanken, dass ich zu jedem Makel weiß, woher er kommt und was damals passiert ist. Ohne Groll oder Traurigkeit. Und ich wünsche mir für euch, dass ihr auch an diesen Punkt kommt. Gerade im Hinblick auf die Geburt bitte ich euch von Herzen, aktiv zu werden, um mit dem Geburtslauf – wie auch immer er war – Frieden zu schließen.

UNSER BAUCH
- SO VIEL MEHR ALS LABBRIGE HAUT

Viele Frauen hadern nach der Geburt insbesondere mit ihrem Bauch. Er ist nach der Schwangerschaft anders als vorher. Weich, faltig, labbrig und vielleicht nicht mehr so ästhetisch, wie wir das gerne hätten. Dabei ist er so unglaublich wichtig und das wahre Zentrum unseres Körpers. Außerdem ist er so sensibel wie unser Gehirn im Kopf und hat es verdient, dass wir ihn mögen und mit ihm im Einklang sind.

Alles andere kann ihn auf Dauer krank machen. Denn der Bauch mit seinen Eingeweiden ist ein sehr komplexes System, in sich abgeschlossen und hoch intelligent.

Wusstet ihr, dass es nachgewiesen ist, dass es neben dem Kopfhirn auch ein Bauchhirn gibt? Unsere Eingeweide im Bauch sind umhüllt von mehr als 100 Millionen Nervenzellen. Das sind sogar mehr Neuronen, als es im gesamten Rückenmark gibt. Neurowissenschaftler nennen den Bauch daher das »zweite Gehirn« , weil es einen identischen Zell- und Molekülaufbau hat wie unser Gehirn im Kopf.[10]

Noch dazu ist der Bauch die »Wiege unseres Lebens« . Hier nimmt jedes Leben seinen Anfang, hier wuchsen wir selbst und trugen auch unsere Kinder. Es ist ein heiliger Ort, der in fernöstlichen Gebieten als »Hara« bezeichnet wird. Diese Stelle liegt circa vier Zentimeter unter dem Bauchnabel. Aus dem Hara, tief im Inneren der Bauchhöhle, kommt unser Gefühl von Sicherheit und Vertrauen. Es

10 Quelle: https://www.geo.de/wissen/13364-rtkl-neurologie-wie-der-bauch-den-kopf-bestimmt; Stand der Seite 23.10.2019

steht für eine innere Haltung von Stille und einem generellen »mit sich im Reinen sein.«

Ich bin ein extrem sensibler Mensch und wenn ich mich mit etwas nicht wohl fühle und vielleicht eine andere Entscheidung treffen möchte als die, die mein Kopf mir empfiehlt, drückt es genau an dieser Stelle, wo das Hara sitzt. Dieses Bauchgefühl erklärt sich eben mit dem zweiten Gehirn, das es nachweislich gibt. Denn hier spielt sich so viel mehr ab als nur eine reine Verdauung.

Forscher haben schon herausgefunden, dass psychische Probleme oft im Darm beginnen und umgekehrt haben jene Menschen, die unter einer mentalen Erkrankung leiden, auch oft Verdauungsprobleme.[11]

Schauen wir uns zum Beispiel den Glücksboten-Stoff Serotonin an. Er wird freigesetzt, wenn es uns gut geht und wenn wir glücklich sind. Fakt ist, dass sich zwischen 80 und 90 Prozent des gesamten Serotonins im Verdauungstrakt eines Menschen befinden.

Also mitten im Bauch und somit ist auch klar, warum es ein gutes und ein schlechtes Bauchgefühl gibt. Oder warum wir von Schmetterlingen im Bauch sprechen, wenn wir verliebt sind. Im Gegensatz dazu liegen uns Dinge schwer im Magen (und nicht im Gehirn) und eine schlechte Nachricht fühlt sich an, als ob uns jemand in den Bauch boxt und nicht, als ob das Gehirn durchgeschüttelt wird.

All diese Metapher spielen sich im Bauch ab, der in sämtlichen Entscheidungsprozessen und in der Entstehung des Lebens eine tragende Rolle spielt.

---

11 Quelle: https://www.spektrum.de/news/eine-psychische-stoerung-beginnt-im-darm/1532597; Stand der Seite 23.10.2019

Unser Bauch mit all seiner Weichheit, seiner Sinnlichkeit und seiner Weiblichkeit ist daher eng verknüpft mit unserem Fühlen und unserer Selbstwahrnehmung. Durch die Annahme unseres Bauches senden wir unserem Bauchhirn eine ganz andere, viel positivere Botschaft als wenn wir mit diesem Bereich unseres Körpers nicht im Reinen sind. Das Äußere und Innere stehen in einer engen Verbindung miteinander.

Mit diesem Wissen, wie elementar der Bauch für unseren Körper und unsere Seele ist, schauen wir weiter in das nächste Kapitel.

WAS MÜSSEN WIR ÄNDERN, WAS SOLLTEN WIR AKZEPTIEREN?

Unser Körper darf und soll uns weiterhin wichtig sein – aber wir müssen davon wegkommen, dass ein Schönheitsideal unsere Tageslaune bestimmt.

Es gibt viele Dinge und Prozesse im Leben, die den Körper verändern. Krankheiten, Unfälle, das Leben an sich natürlich – auch Kinderlose sind mit 40 nicht mehr so knackig wie mit 20. Das ist eine extrem wichtige Erkenntnis, die mir lange gefehlt hat.

Unser Körper ist letztendlich darauf ausgelegt, dass er sich verbraucht. Wenn ich Fotos von alten Menschen anschaue, haben sie eins gemeinsam: Man erkennt die Spuren des Lebens. Irgendwann kommen bei jeder noch so guten Creme die Falten und irgendwann hängen die Popacken Richtung Knie. Das ist einfach ein physikalisches Gesetz, an dem wir nichts ändern.

All jene, die die Spuren der Zeit aufhalten möchten, sehen irgendwann wie eingewachst aus, wenn sie mit Botox und Co nachhelfen. Künstlich konserviert. Vielleicht faltenfrei, aber dafür ohne Mimik.

Falten finde ich zum Beispiel überhaupt nicht schlimm. Sie sind einzigartige Spuren unseres Lebens. Und ich habe mir eines fest versprochen: Wenn ich schon Falten bekomme, werde ich selbst alles daransetzen, dass es zum Großteil Lachfalten sind. Denn das habe ich sehr wohl im Griff und ich finde es gibt nichts Schöneres als eine alte Oma, bei der man direkt erkennt, dass ihr Gesicht von Lachfalten durchzogen ist.

Eine Schwangerschaft verändert oft sehr vieles, ja. Aber der Anlass ist ein schöner. Wir sollten uns bewusst machen: Es ist die einzige so einschneidende Sache, der ein schöner Anlass zugrunde liegt. Alle anderen Einschnitte, die den Körper so nachhaltig verändern, sind negativ – nämlich Krankheiten oder Unfälle. Viele dieser Betroffenen schaffen es trotzdem, solchen Erlebnissen etwas Positives abzuverlangen, wieder Lebensmut zu finden und die Spuren und Veränderungen zu akzeptieren und sogar mit Stolz zu tragen. Davon können wir Mamas uns eine große Scheibe abschneiden.

Dieser Leitsatz hilft mir persönlich weiter: Ich kann angehen, was ich ändern kann und möchte. Ich muss akzeptieren, was nicht zu ändern ist.

KANN MAN SEINEN KÖRPER VON VOR DER GEBURT WIEDERBEKOMMEN?

Wenn diese Frage nur eindeutig mit Ja oder Nein zu beantworten wäre… So einfach ist es aber leider nicht. Es spielen auf jeden Fall eure Veranlagung eine große Rolle und wie viele eindeutige Folgen ihr aus der Schwangerschaft mitgebracht habt. Wenn eure Haut am Bauch oder der Brust gerissen ist, oder ihr nach dem Kaiserschnitt eine Narbe habt, sind das natürlich Veränderungen, die nicht widerruflich sind. Anders sieht es mit Problemen wie Hämorrhoiden, Beckenbodenproblemen, Haarausfall aus – hier stehen die Chancen gut, dass euer Körper wieder der Alte wird nach einiger Zeit. Dieser Zeitraum kann allerdings gut und gerne mehrere Jahre betragen.

Daher seid geduldig mit euch. Sicherlich spielt dabei eine Rolle, wie weitreichend der »Schaden« war und wie viel Zeit der Körper für die Erholung braucht.

Meine Beckenbodenprobleme sind sicher so massiv, dass ich schon froh bin, wenn es wieder »okay« wird und ich eine mittlere Distanz joggen gehen kann. So gut wie vor den drei Kindern wird er nie mehr werden. Aber das ist mein individuelles Schicksal und kann bei jeder von euch anders aussehen. Eure Beckenbodenprobleme sind vielleicht schon nach einem Jahr Geschichte und alles ist so gut wie vor der Geburt.

Ich teile die Folgen der Schwangerschaften daher in 3 Kategorien ein, um die Frage zu beantworten, ob man seinen alten Körper wiederbekommen kann:

1. **Es ist eine Frage der Veranlagung:** Es hängt großteils von deinen Genen ab, ob der Körper wieder wird wie vorher. Es gibt Frauen, die sehen nach 5 Kindern aus, als ob sie nie ein Kind bekommen haben und andere tragen schon nach einer Schwangerschaft viele Spuren an sich. Das Schönste daran ist, dass beide Frauen genau gleich glücklich sein können. Denn egal, wie der Körper aussieht: Glücklich zu sein ist eine aktive Entscheidung, die jede Frau unabhängig von ihren Genen und der Veranlagung

treffen kann.

2. **Manches bleibt für immer:** Klar, Schwangerschaftsstreifen werden heller, aber sie bleiben. Auch Krampfadern gehen nicht komplett zurück und größere Füße schrumpfen nicht mehr. Bei vielen Frauen wird es Veränderungen geben, die bleiben. Es hilft nichts, sich dem zu verschließen.

3. **Du wirst wieder die Alte:** Es gibt sicherlich viele Veränderungen, die einfach etwas Zeit brauchen oder mit etwas Aufwand oder auch von alleine wieder so werden wie früher. Das ist vielleicht das Gewicht, das Zurückgewinnen eurer Bauchmuskeln oder vielleicht auch die breitere Hüfte, die nach ein paar Jahren wieder enger zusammensteht.

Nun weiß ich natürlich nicht, welche Folgen ihr alle nach Schwangerschaft und Geburt habt. Je nach Kombination werdet ihr wieder komplett die Alte oder es gibt eine bis viele Spuren, die ihr immer tragen werdet. So vielfältig wie wir Menschen in Hautfarbe, Größe und Gewicht sind, so verschieden sind wir Mütter in den Auswirkungen der Schwangerschaften. Es bringt also nichts, etwas aus Statistiken zu lesen oder darauf zu schauen, wie es bei einer Freundin von euch lief.

Der Rückbildungsprozess des Körpers ist ein sehr individueller, der bei allen Frauen anders aussieht.

DEN IDEALEN KÖRPER HABEN WIR HEUTE, WENN WIR MIT IHM ZUFRIEDEN SIND

Je früher wir Freund werden mit unserem Körper, umso länger können wir diese besondere Beziehung genießen. Dass wir uns miteinander arrangieren sollten, steht außer Frage. Einen anderen Körper bekommen wir nämlich sowieso nicht.

Also sollten wir dringend mit ihm arbeiten und nicht gegen ihn. Er ist unser Freund, nicht unser Feind. Aktuell leben wir auch in einer wirklich sehr guten Zeit, um uns anzunehmen, wie wir sind. Denn in allen grundsätzlichen Fragen unserer Gesellschaft steht die Akzeptanz im Mittelpunkt. Sei es beim Thema Einwanderung, Regenbogen-Ehen oder die Vereinbarkeit von Beruf und Familie mit Hilfe unterschiedlichster Modelle.

Ja, es wird immer wichtiger, dass wir unterschiedliche Lebensmodelle akzeptieren und wir alle in Frieden miteinander leben.

Dieser Grundsatz gilt auch beim Thema Mode in Verbindung mit dem Gewicht. Wir sehen in Hochglanzzeitschriften und auf Laufstegen immer mehr curvy Models. Im Frühjahr 2019 ging ein sehr großes Unternehmen, ein Rasierapparatehersteller, mit der Kampagne »My skin my Way« online. Sie zeigt das US-Plus-Size-Model Anna O'Brien in einem Bikini und führte durchaus zu öffentlichen, teilweise hitzigen Diskussionen, ob man das wirklich zeigen müsse.

Das Unternehmen blieb ganz cool, die Kampagne lief wie geplant, die lauten Stimmen wurden leiser und letztendlich bleibt das Fazit: Oh ja, man darf diese Frauen genauso zeigen wie Dünne.

Die Firma gab außerdem bekannt, dass sie ab sofort darauf verzichten wollen, die Haut in Werbemitteln zu bearbeiten und vor der Rasur auch Haare zu zeigen. Der Hersteller für Nassrasierer ging also noch einen Schritt weiter: Er zeigt die Haut künftig generell unbearbeitet und so, wie sie ist. Damit möchte man die Individualität und das Selbstbewusstsein der Frauen stärken und die individuelle Schönheit der Frau in den Fokus stellen.

Das ist ein riesiger, mutiger Schritt, wenn man diesen als allererstes Unternehmen weltweit geht. Und ein wunderbares Signal einer internationalen, weltbekannten Firma: Alle Frauen haben heute schon den idealen Körper und nicht erst, wenn Makel retuschiert sind und nicht mehr gezeigt werden.

Im Gegensatz dazu veröffentlichte ein Promi-Magazin, wenn man das jetzt so nennen möchte, auch im Frühjahr 2019 eine Titel-Story, die auf eine komplett gegensätzliche Art unheimlich viel Aufsehen erregte.

Auf mehreren Seiten waren normale Frauen zu sehen – einfach solche, wie wir es alle sind. Diese Frauen sind nur berühmt und daher landeten diese ganzen Schnappschüsse eben in dem Magazin und die Redakteure ließen sich dazu hinreißen, sich die schlimmsten Bildunterschriften dazu auszudenken, die man sich vorstellen kann. Unter der Überschrift »Der nackte Beach-Horror« war dort von einem »Dellen-Dilemma« die Rede oder auch einer »Bauch-Blamage« und dem »Falten-Fiasko« .

Das Schönste an dieser Geschichte waren aber die Reaktionen, die der Beitrag hervorgerufen hat: Denn wir leben inzwischen in einer Zeit, in der wir ganz normale Frauen nicht mehr den Kopf einziehen, ein schlechtes Gewissen bekommen durch solche Artikel, uns einen strikten Diätplan auferlegen oder das Sportpensum erhöhen.

Nein, wir schütteln ärgerlich den Kopf und können es nicht glauben, was sich diese Zeitschrift rausnimmt. Einige ganz mutige Frauen nehmen die Beschriftung als Anlass und stellen sich öffentlich dagegen. Da gab es zum Beispiel eine Instagram-Bloggerin, die den Artikel in einem Video öffentlich analysiert hat, während sie einen Bikini trug – ohne selbst den Modelmaßen zu entsprechen, die dort gefordert sind.

Dann war da noch eine Berliner Radiomoderatorin, die als Reaktion ihre Cellulite zeigte und dafür gefeiert wurde und einige andere Frauen, die öffentlich Stellung dazu bezogen, dass solche Bildunterschriften nicht einfach hingenommen werden.

Ja, dabei ging mein Herz auf. Denn genauso soll das sein und ich wünsche mir noch viel mehr Frauen, die sich öffentlich gegen derart niveaulose »Unterhaltung« stellen. Es ist so gut und so richtig, dass wir so etwas nicht hinnehmen.

Denn genau so etwas führt dazu, dass junge Mädchen an sich zweifeln und etwas erreichen möchten, das so gar nicht existiert. Welche Vorbildfunktion lebt diese Zeitschrift und was will sie durch solche Artikel vermitteln? Ich persönlich boykottiere Zeitschriften, in denen so niveaulos über den Körper von anderen hergezogen wird und ich wünsche mir, dass viele so handeln.

Denn nur durch sinkende Verkaufszahlen merken die Redakteure, dass solche Themen wirklich niveaulos sind.

Ich wünsche mir dagegen von Herzen, dass immer mehr Curvy Models die Laufstege dieser Welt erobern und Werbeanzeigen öfter nicht mehr extrem bearbeitet werden und wir immer mehr Frauen in Zeitschriften und auf Plakatwänden bewundern dürfen, die einfach nur herrlich normal sind.

Denn dann bekommen wir auch in den Medien gespiegelt, dass alle Frauen wunderschön sind, genauso wie sie sind, und dass wir uns auch genau so schon wohlfühlen dürfen in unserem Körper.

Die ersten Schritte in diese Richtung wurden bereits gegangen und ich bin zuversichtlich, dass dieser positive Trend anhält. Wir alle können mit unserem Konsumverhalten dazu beitragen, die Marken zu unterstützen, die zu unserem Körperempfinden passen und die auch sagen: Oh ja, Ladies, ihr seid genau richtig so, wie ihr seid.

EIN WORT ZU SCHÖNHEITS-OPERATIONEN

»Ich lasse mir auf jeden Fall die Brüste wieder richten, wenn ich mit der Kinderplanung durch bin« – ich wurde nicht müde, in meinen Zwanzigern genau das zu betonen und auch jedem zu erzählen, mit dem ich ein Gespräch zum Thema Kinderwunsch führte.

Ich weiß gar nicht, warum ich damals diese Gedanken hatte. Klar, mein Körper war mir sehr wichtig. Aber ich nahm das alles doch ziemlich auf die leichte Schulter und glaubte damals ernsthaft, dass es so kommen würde.

Tja, erstens läuft es aber anders und zweitens als man denkt: Mit meinen Brüsten bin ich auch nach drei Still-Kindern noch zufrieden. Auch wenn sie um einiges kleiner wurden durch die ganze Stillerei. Klar, die Schwerkraft hat auch ihre Spuren hinterlassen, aber ansonsten kann ich nicht klagen. Dafür ist ja der Beckenboden meine größte Baustelle und dort würde ich mich wirklich nur in der allergrößten Not operieren lassen. Zum einen habe ich keine

Lust, dass mich jemand »da unten« operiert, wenn es nicht unbedingt sein muss, und zum anderen halten die meisten Methoden nicht ewig. Das heißt, ich müsste mich nach 10, 15 Jahren noch einmal operieren lassen.

Aber wenn ich jetzt hier und heute schreibe, dass auch wir Mamas mit unseren Körpern zufrieden sein sollten. Ich verstehe jede Frau, die sich nichtsdestotrotz für eine Schönheitsoperation unters Messer legt. Allerdings bin ich der festen Ansicht, dass eure Einstellung zum Leben und zu euch selbst stimmen und insgesamt sehr positiv sein sollte, bevor ihr so einen Eingriff auf euch nehmt.

Denn sonst wird euch diese Operation wahrscheinlich nicht zufriedener machen.

In Amerika und teilweise auch hier gibt es inzwischen spezielle Operationspakete für Mamas. Das Ganze nennt sich dann »Mommy Makeover« und beinhaltet eine Rundumerneuerung nach der Schwangerschaft. Dazu gehört die Straffung des Bauches in Kombination mit einer Brust-OP und gerne auch Intim-Chirurgie.

Ich muss sagen, das finde ich schon verrückt. Denn ich habe meine Zweifel, ob diese Frauen glücklich sein werden, wenn die Brüste und die Haut am Bauch im Alter wieder etwas mehr hängen. Wenn sich mehr Falten um die Augen kringeln, die Oberarme etwas mehr schlackern und die dunkelblauen Krampfadern sich ihre Wege suchen.

Wir dürfen nicht vergessen, dass diese Operationen nicht nur extrem viel Geld kosten. Nein, es sind sehr aufwändige Eingriffe, die im Zweifel auch schiefgehen können. Und es sind lediglich Operationen, die uns äußerlich verändern. Unsere Seele bleibt dieselbe und wir sind danach nicht besser oder schlechter, als wir es vorher waren.

Wir werden dadurch nicht mehr geliebt oder verdienen

mehr Geld oder bekommen im Alltag mehr Anerkennung. Wenn du mit den Kindern zusammen bist oder das Kinderzimmer aufräumst oder abends müde auf der Couch liegst, interessiert das nämlich keinen, ob am Bauch was schlackert oder die Brüste stehen, hängen, fallen oder nicht mehr da sind. Da kommt es darauf an, ob ihr Liebe aussendet, ob ihr mit euch im Reinen seid, ob ihr euch selbst mögt. Denn das strahlt ihr mit jeder Pore eures Körpers aus und gebt es an die Kinder, den Partner und euer Umfeld weiter.

Wenn euch das besser gelingt, wenn die Brüste perfekt sitzen oder der Bauch eine Rolle weniger hat, ist das wunderbar – dann ist es vielleicht der richtige Weg für euch. Aber all diese Dinge werden nicht automatisch kommen, nur weil etwas an euch operativ verändert wird.

Denn der Wandel der eigenen Einstellung, Selbstliebe und Akzeptanz sind Dinge, die man aktiv lernen muss und die einem nicht automatisch zufliegen.

Klar, ein flotter Körper beflügelt das Selbstbewusstsein – aber wenn euch nur dieser Körper Selbstwertgefühl geben kann, begibt man sich auf dünnes Eis und ihr werdet sicher in spätestens fünf Jahren über die nächsten Operationen nachdenken.

Die stabile Basis eures Lebens sollte immer eure Einstellung sein und nicht die perfekte Körperform – denn die werdet ihr nicht dauerhaft haben.

Dazu möchte ich euch ein Bild geben, das die Situation schön verdeutlicht: Unser Körper ist unser Haus, in dem wir wohnen und unsere Lebenseinstellung ist unser Fundament. Diese Grundlage sollte stabil sein und so stark, dass ihr ein klasse Häuschen drauf bauen könnt.

Baut ihr das Haus auf Sand, wird es irgendwann untergehen. Egal, wie schön und aufwändig es gebaut wurde. Nur wenn das Fundament stimmt, wird es lange strahlen und viele Jahre bei Wind und Wetter überdauern. Auch wenn ihr die dickste Villa auf dem Boden stehen habt - sie bleibt nur toll, wenn die Basis optimal ist. Denn nur dann ist gegeben, dass Sturm und Unwetter eurem wunderbaren Haus auch nichts anhaben können.

DU BIST NICHT MAKELLOS,
ABER PERFEKT

Letztendlich greifen mehrere verschiedene Aspekte ineinander, damit wir Frauen unseren Körper wieder akzeptieren können. Damit wir ihn wieder mögen, nachdem die Schwangerschaft und Geburt ihn plötzlich verändert haben. Dazu gehört nach der Annahme der Geburt im zweiten Schritt, dass wir unser neues Leben annehmen. Es geht dabei nicht nur um den Körper, sondern um vieles mehr – auch um Fremdbestimmung und die neuen Lebensumstände, die wir so nicht auf uns zukommen sahen.

Es ist aber auch wichtig, dass wir uns vor Augen halten, dass jede einzelne Mama diesen Weg geht. Natürlich hat jede ihren eigenen, individuellen Pfad. Aber trotzdem ist es bei allen ähnlich. Dieses Wissen darf uns zusammenschweißen und verbinden.

Wir alle haben uns körperlich verändert, haben unsere Jobs in irgendeiner Form angepasst und unsere Grenzen von Müdigkeit und Belastbarkeit neu definiert. Jede einzelne von uns kauerte schon fix und fertig neben einem kranken Kind, ärgerte sich in der Öffentlichkeit über dieses kleine trotzige Bündel Liebe und kam an manchen Tagen nicht weiter mit der eigenen Erziehungsstrategie. Wir alle kennen diese extremen Gefühle, die das Mutterdasein mit sich bringt und diese Momente, in denen wir fix und fertig einfach nicht weiterwissen. Wir sind durch die Kinder quasi eine Person 2.0.

In diesem Kapitel geht es daher darum, wie wir unsere eigene Basis stabilisieren und dass wir durch und durch erkennen, wie gut wir Mütter uns gegenseitig tun.

Alle einzelnen Puzzleteile in den folgenden Unterkapiteln bilden zusammengefügt unser Schutzschild, das uns stark macht gegen negative Einflüsse von außen. So können wir unsere eigenen Superkräfte entdecken, die nur darauf warten, dass wir sie der Welt endlich zeigen.

LIEBE UNABHÄNGIG VON SCHÖNHEITSIDEALEN

»Die Schönheit der Dinge lebt in der Seele dessen, der sie betrachtet.« – **David Hume**

Stellt euch vor, euer Kind kommt aus dem Kindergarten und ist unglaublich traurig. Die Schultern hängen, die Mundwinkel zeigen nach unten und die Enttäuschung steht deutlich sichtbar ins Gesicht geschrieben. Was war passiert? Seine Spielkameraden hatten sich über seine Sommersprossen lustig gemacht. Das ist natürlich ein Drama für unser Kind, das verstehen wir sofort.

Was tun wir Mamas im ersten Schritt also ganz selbstverständlich? Wir ziehen es zu uns auf den Schoß. Wir trösten diesen kleinen unglücklichen Menschen, unser perfektes Kind. Wir streicheln es und erklären ihm, dass es toll ist und genau richtig – genau so, wie es ist. Und das meinen wir aus vollem Herzen so.

Es ist uns wichtig, ihm eine Heimat zu geben, eine Basis. Es so zu erden, dass es weiß: Mit dir stimmt alles. Du bist genau richtig, bist gewollt und akzeptiert. Das Problem liegt bei den anderen, nicht bei dir.

Nun folgt der Perspektivenwechsel zu uns selbst. Denn auch wir sind einzigartig und genau richtig so, wie wir sind. Ist das nicht wunderbar? Das ist genau wie bei unserem Kind, es gibt keinen Unterschied. Den einzigen Unterschied machen wir in unserem Kopf, indem wir uns nicht akzeptieren. Weil wir leider irgendwann dem Alter entwachsen, in dem wir uns auf einen Schoß kuscheln können und uns jemand sagt: Ärgere dich nicht und ignoriere die anderen Stimmen. Du bist perfekt!

Wir nehmen uns oft sehr viel kritischer wahr als das andere tun: »Boah, bin ich dick«, »ich fühle mich so hässlich«, »meine Brüste sind nicht dem Schönheitsideal entsprechend« und »diesen Schwabbelbauch muss ich wirklich ändern«, »noch drei Kilo weniger, dann bin ich endlich zufrieden« sind nur ein paar der Gedanken, die wohl die meisten von uns schon hatten. Aber warum gehen wir mit uns selbst am härtesten ins Gericht? Warum verhalten wir uns so, als ob wir unser eigener Endgegner sind? Warum interpretieren wir in die Blicke der anderen, dass sie uns hässlich finden?

Erinnert ihr euch noch an die Studie, dass die allermeisten Frauen sich selbst nicht schön finden – andere Frauen dagegen schon? Genau darum geht es. Wir müssen umdenken und unserem eigenen Körper die Liebe und Aufmerksamkeit schenken, die er verdient. Weil er wahnsinnig viel für uns leistet und wir es verdient haben, in ihm glücklich zu sein. Das können nur wir selbst uns schenken.

Genau darauf kommt es an und nicht auf ein Schönheitsideal. Denn das folgende Wissen ist extrem wichtig: Jedes Ideal ist vergänglich und sogar von Land zu Land unterschiedlich. In Ländern wie Griechenland, Italien und auch Deutschland galten zum Beispiel lange Zeit Frauen mit üppiger Oberweite und Bäuchlein als das Ideal. In China bekamen Frauen lange Zeit ihre Füße abgebunden, damit diese klein bleiben. In Brasilien ist der »Brazilian Butt Lift« eine der am meisten durchgeführten Schönheits-Operationen, dabei wird der Popo aufgepolstert, damit er richtig schön groß und rund ist. Und sowohl in Amerika als auch in Deutschland sind aktuell immer öfter Curvy-Models zu sehen, die damit eine Trendwende des 90-60-90-Ideals einläuten, das die letzten Jahre Bestand hatte.

Dieses Ideal ist genau genommen auch ein bisschen daran schuld, dass wir heutzutage so kritisch vor dem Spiegel stehen. Das war aber nicht immer so bei uns. In den 50er-Jahren lagen zum Beispiel noch Frauen mit Busen, Bauch und Po im Trend. Es gab damals sogar Werbung mit dem Slogan »Dünne Mädchen sind keine glamourösen Mädchen«. Stellt euch das mal heutzutage vor, wenn wir bei RTL reinzappen und so eine Werbung sehen – das würde so gar nicht zu der heutigen Zeit passen.

Aber dieses Ideal war auch irgendwann überholt, denn es folgten spindeldürre Mädchen in den 60er-Jahren, Powerfrauen in den 70er-Jahren, Aerobic-Supermodels in den 80ern, Kindfrauen in den 90ern und danach Busenwunder – bis eben das 90-60-90-Ideal eintrat.

Ihr seht also: Es gibt nicht dieses eine Schönheitsideal, das weltweit für immer gilt und dem es sich lohnt, hinterherzulaufen. Wenn ihr berufsbedingt übermorgen in ein anderes Land ziehen müsstet, wären dort vielleicht üppige Frauen gefragt oder es würden solche auf ein Podest gehoben werden, die XXL-Brüste haben.

Bitte haltet euch daher vor Augen: Es ist nichts vergänglicher als ein aktuelles Schönheitsideal, auch wenn das manchmal schwer zu verstehen ist. Denn klar, durch die Magazine und die Werbung um uns herum wirkt es natürlich so, als ob nur dieses eine Ideal genau richtig ist und nichts anderes zählt.

Wir müssen aber den Mut haben, mit uns zufrieden zu sein und dürfen uns nicht in ein Ideal verrennen, das überhaupt nicht allgemeingültig existiert.

Dieses Wissen ist das erste Puzzlestück für unser persönliches Schutzschild.

WAS IST SELBSTLIEBE?

*»Die meisten Menschen gehen nicht am Leben zugrunde, sondern an einer unglücklichen Liebe – zu sich selbst.« - **Gerhard Uhlenbruck***

Was ist nun das Ziel der Selbstliebe oder dieser »body positivity«, von der alle sprechen? Soll das Ziel nun wirklich sein, dass ich mich bedingungslos liebe? Und nur dann darf ich mit mir zufrieden sein?

Nein, auf keinen Fall! Es gibt viel mehr als nur »weiß« oder »schwarz«. Es gibt unendlich viele Grautöne und ich finde ja, grau ist sowieso eine besonders schöne Farbe (ihr braucht mir jetzt auch keine Nachrichten schicken, dass Grau keine Farbe ist. Ich bin großer Grau-Fan und deshalb ist es für mich eine).

Wir sind schon dann erfolgreich, wenn wir uns heute ein bisschen mehr lieben als gestern oder als letzten Monat. Wir machen einen super Job, wenn uns die Bauchhaut nicht mehr ganz so doll stört wie letzte Woche oder wir nur noch einmal täglich kritisch in den Spiegel schauen und nicht mehr dreimal.

Es reicht an manchen Tagen sogar schon, wenn ihr neutral zu euch selbst seid oder euch »ein bisschen okay« findet. Einfach, weil der Fortschritt dann ist, dass ihr euch nicht negativ seht. Das ist streng genommen nämlich ein richtig großer Schritt.

Unser langfristiges Ziel darf trotzdem sein, unserem Körper gegenüber positiv eingestellt zu sein. Verdient hat er es auf jeden Fall. Er trägt uns täglich durch die Welt, ließ unsere Kinder in uns zu lebensfähigen Babys heranwachsen. Er ist hart im Nehmen und erträgt wenig Bewegung, zu wenig Wasser und andere ungesunde Lebensumstände oft lange klaglos.

Doch, das große langfristige Ziel darf die bedingungslose Liebe zum Körper sein. Aber der Weg dorthin darf dauern und auf unserer Reise ist es immer genug, wenn wir ihm neutral gegenüberstehen und einfach ein Prozent positiver als letzte Woche. Bitte behaltet das unbedingt im Kopf: Keine von uns soll sich überfordert fühlen, wenn diese ominöse Selbstliebe anfangs nicht gelingt. Das braucht für viele von uns Jahre, wenn nicht sogar ein Jahrzehnt. Und bis dahin ist »Ich bin okay mit meinem Körper« absolut ausreichend.Vergesst das nicht: Selbstliebe ist kein Geschenk, sondern eine Gewohnheit.

WIE STÄRKE ICH MEINE POSITIVE EINSTELLUNG?

*Ob du denkst, du kannst es, oder du kannst es nicht:
Du wirst auf jeden Fall recht behalten.* - **Henry Ford**

Ich weiß das auch, eine positive Einstellung ist nicht plötzlich da, weil man ein Buch dazu liest oder beschließt, dass man die jetzt haben möchte. Nein, das wäre zu einfach. Leider können wir sie nirgends kaufen, nur noch auspacken und dann haben wir sie.

Es geht aber auch nicht darum, ab sofort immer gut gelaunt und fröhlich trällernd aufzuwachen und ohne mentale Tiefen durch die Tage zu kommen.

Ich möchte aber, dass wir gemeinsam die ersten Schritte dieser spannenden Reise in Richtung Selbstliebe gehen. Diese ersten Prozente, von denen ich eben schrieb.

Wir gehen sie ganz gemütlich und in Ruhe. Es ist, als ob wir einen Samen säen, der in den nächsten Jahren zu einer wunderschönen Blume aufblüht.

Jetzt am Start dieser Reise keimen die ersten positiven Gedanken, die sich vielleicht nicht konstant halten. Sie sind an manchen Tag stärker und an anderen schwächer. Aber immerhin, so ein bisschen sind sie da. Wenn wir jeden Tag ein Prozent mehr erreichen, steigern wir uns auch.

Wir müssen am Ende nicht bei 100 Prozent landen. Aber wir sollten einfach nach und nach kleine Schritte nach vorne gehen und die große Summe so erhöhen.

Denn wie bei einem Zahnrad greifen auch in unserem Leben viele kleine Räder ineinander, die am Ende eine riesige Maschinerie, also den Gedankenumschwung, in Gang bringen. Im Guten wie im Schlechten.

Jeder Gedanke, der uns selbst klein macht, ist einer zu viel. Egal, wie winzig er ist, und ob er von uns selbst kommt oder von außen. Denn am Ende kann genau dieser eine blöde Gedanken dazu führen, dass wir uns selbst nicht leiden können.

Dagegen ist es unglaublich, was wir mit vielen kleinen, positiven Gedanken erreichen können. Lasst mich dazu von einem besonderen japanischen Mann erzählen, der nahezu Unbegreifliches herausgefunden hat. Es geht um den Japaner Dr. Masaru Emoto.

Er ist Wasserforscher und tüftelte jahrelang, wie er Eiskristalle in auftauendem Wasser fotografieren kann. Er hatte schon immer das Gefühl, dass diese Kristalle das wahre Wesen des Wassers zeigen. Das wollte er unbedingt beweisen. Tatsächlich gelang es ihm nach mehreren zehntausend Versuchen, diese besonderen Kristalle zu fotografieren. Allein schon, dass er so lange durchgehalten hat, ist ein bisschen irre. Ich hätte sicherlich nicht mal 100 Versuche geschafft.

Aber es kommt noch besser, denn sein Durchhaltevermögen hat sich wirklich gelohnt. Er konnte am Ende belegen, dass Wasser Informationen abspeichern kann – und es zum Beispiel verschiedene Kristalle bildet, je nachdem, ob der Forscher das Wasser mit beschwingter oder aggressiver Musik und mit guten oder schlechten Worten besprochen hat.

Das klingt ein bisschen abgefahren, oh ja. Aber ich erkläre es noch einmal:

Gesundes Wasser - aus frischen Quellen oder auch Wasser, das er mit lieben Worten besprochen oder mit klassischer Musik beschallt hatte - bildet immer feingliedrige sechseckige Kristalle.

Krankes Wasser - etwa aus gekippten Seen, Wasser aus der Mikrowelle und auch solches, das er mit harten Worten angesprochen hatte - verhinderte die Bildung dieser wunderschönen Kristalle[12]und bildete nur einfachste Strukturen, die viel unscheinbarer aussahen als die anderen.

Unglaublich ist auch, dass Emoto gesundes Wasser durch hartes Ansprechen krank machen konnte und er die schönen Kristalle unter dem Mikroskop nicht mehr fand und er umgekehrt auch »totes« Wasser durch Liebe, Klassik, Gebete beleben konnte. Nach seiner »Gefühlskur« waren diese besonderen Kristalle wieder da.

Faszinierend, oder? Dazu gibt es viele Videos im Internet, die ich immer wieder gerne anschaue, weil es so unglaublich ist.

Nun schlage ich wieder den Bogen zu uns selbst: Wir Menschen bestehen alle zu etwa 70 Prozent aus Wasser (Neugeborene sogar aus 90 Prozent). Ist es da nicht wahrscheinlich, dass negative Gedanken unser komplettes System lahmlegen können?

Es muss nicht zwangsläufig in einem tatsächlichen Burnout oder einer Depression enden. Es ist schlimm genug, wenn ein Mensch in der Folge unglücklich, unsicher und unzufrieden mit sich selbst ist, und gefühlt von innen aufgefressen wird. Dass er knapp gefasst keine schönen Kristalle mehr bilden kann. Wie viel schöner ist es, wenn ihr euch mit Liebe, Zuneigung, schönen Worten, tollen Erlebnissen und einem positiven Umfeld so aufladet, dass ihr außergewöhnliche, sechseckige Kristalle bildet?

---

12 Veröffentlicht hat Masaru Emoto seine Ergebnisse in mehreren Büchern, unter anderem in „The Hidden Messages in Water", ISBN 0743289801

Bei unseren Kindern, Freundinnen und vielleicht auch Omas oder Cousinen sorgen wir regelmäßig dafür, dass sie wunderschöne Kristalle bilden können. Wir trösten sie, sprechen ihnen Mut zu und bauen sie auf.

Lasst uns das bitte auch für uns selbst tun. Lasst uns kein abgestorbenes Mikrowellenwasser sein, sondern frisches Quellwasser.

Wenn wir uns selbst gut behandeln und liebevoll von uns denken ist das ein riesengroßes Teil für unser Schutzschild, das uns stark macht gegen blöde Sprüche und Blicke von außen.

⭐ WIR HALTEN FEST:

Du kannst selbst beeinflussen, welche Kristalle du bilden willst. Dafür brauchst du keine Unterstützung von außen.
Du bist wertvoll und toll. Genau so, wie du bist.
Lass dir nichts anderes einreden.
Ist es nicht viel schöner, wenn du an dich selbst glaubst und du nicht auf die Komplimente anderer Menschen angewiesen bist?

DIE SACHE MIT DER RELEVANZ

»Vom Mond aus betrachtet
spielt das Ganze gar keine so große Rolle...« - **Unbekannt**

Eines dürfen wir Mütter auch nicht vergessen: Die Frage nach der Relevanz. Fragt euch: Wie sehr beeinflusst mein körperliches Problem meinen Alltag? Ist es wirklich relevant in meinem Leben? Verändert das Problem meinen Alltag denn tatsächlich negativ oder findet diese Veränderung ausschließlich in meinem Kopf statt?

Stellt euch diese Fragen unbedingt. Immer und immer wieder. Vielleicht merkt ihr dabei schon, dass euer Problem gar nicht so relevant ist, wie ihr das bisher geglaubt habt.

Ich stelle mir diese Fragen natürlich auch. Weil ich auch oft doofe Tage habe, an denen ich mich nicht hübsch finde, und an denen mich mein ausgeleierter Mama-Körper ins Unendliche nervt.

Zum Beispiel die Sache mit meinem Beckenboden. Das ist richtig schlimm für mich. Ich meine: Ich habe bei jeder Joggingtour Angst auszulaufen. Helle Hosen trage ich beim Sport auf keinen Fall, da würde man jeden Unfall sofort sehen und ohne dicke Slipeinlagen würde ich gar nicht erst starten. Das ist schon unangenehm. Aber sind wir mal ehrlich: Im Alltag habe ich zum Glück fast keine Probleme mit dem Beckenboden und hätte ich nicht zufällig dieses eine Hobby, würde ich meinen »Fehler« gar nicht wirklich bemerken.

Es sei denn, jemand schleppt mich in einen Trampolinpark. Das wäre fatal. Hilfe, ich wage es mir gar nicht vorzustellen, was dann passieren würde. Aber ansonsten ist es eigentlich egal, wenn ich nicht gerade versuche zu joggen. Das Problem nimmt im Alltag also quasi keinen Raum ein. Nur joggen kann ich eben nicht mehr so unbedarft wie früher. Warum gebe ich diesem Thema dann mental so viel Platz?

Ich merke es immer wieder: Das steht in keinem Verhältnis zueinander und es ist besser für mich, Frieden mit der Situation zu schließen. Denn allein dadurch denke ich weniger darüber nach und es ist nicht mehr ganz so tragisch. Mir hilft es zum Beispiel, mein Makel offen auszusprechen. Ich begann damit, als ich mein erstes Buch geschrieben habe. Anfangs war mir das extrem unangenehm. Klar, wer äußert sich schon gern zu so einer großen, peinlichen Schwäche? Aber je öfter ich es ausgesprochen habe, umso mehr hat es an Dramatik verloren und inzwischen bin ich an dem Punkt: Es ist eben so. Das fühlt sich viel besser an, als ein dramatisches Tabuthema daraus zu machen. Je normaler ich das Problem behandle, umso weniger Platz nimmt es mir weg. Ich spare mir so viel Kraft, indem ich nicht ständig dagegen ankämpfe.

Daher ist das ein Punkt, den wir immer wieder reflektieren sollten. Ein Problem, das in Realität nicht wirklich wichtig ist, sondern nur ganz klein, darf auch in unserem Kopf keine wirkliche Gewichtung bekommen.

Wenn dir neun Frauen sagen, deine Geburtstagsfeier war klasse und eine beschwert sich über das Essen. Was passiert wohl? Genau, deine Gedanken kreisen immer wieder um diese eine Frau und warum die das Essen nicht gut fand. Hätte ich es anders machen können? Besser? Eine größere Auswahl? Wir grübeln und denken nach, ärgern uns und reflektieren – und vergessen darüber die beste Botschaft:

Neun Frauen fanden die Party perfekt! Sollte nicht das viel mehr Raum in unserem Kopf einnehmen? Die Antwort ist klar: auf jeden Fall!

⭐ **ÜBERLEGE DIR:**
Wie sehr schränkt dich das Problem
tatsächlich ein?
Kämpfe nicht gegen die Wellen an,
sondern schwimme mit ihnen.
Je eher du deinen Makel annimmst,
desto weniger Platz wird er mental einnehmen.

WIR LEBEN IN WUNDERBAREN ZEITEN

»Wenn man sonst keine Probleme hat, neigt man dazu,
sich welche anzueignen.« - **Fondermann, Reinhard**

Ich sage es mal, wie es ist. Uns in Deutschland und Europa geht es aktuell einfach gut. Es geht uns sogar sehr gut. Unser Überleben ist gesichert, wir haben keinen Kriegszustand, leben in keiner Generation nach dem Krieg, müssen nichts aufbauen, nichts verteidigen, nicht um unser Leben fürchten. Auch finanziell geht es vielen gut bei uns – ansonsten bietet unser Staat einige soziale Netze, die uns vergleichsweise sanft auffangen.

Das war vor einigen Generationen noch anders. Da hatten Frauen andere Probleme. Da ging es wirklich ums Überleben. Obst- und Gemüseanbau war für viele Familien wichtig, weil finanziell keine großen Sprünge drin waren und das Essen sonst knapp war. Noch im letzten Jahrtausend herrschten in Deutschland zweimal schlimme Kriege, komplette Städte wurden zerbombt, Familien auseinandergerissen.

Was glaubt ihr, wie viel Zeit diese Frauen aufwenden konnten, um sich um Cellulite, Dehnungsstreifen oder eine etwas mehr hängende Brust zu kümmern? Ich schätze ja sehr wenig mit der Tendenz zu Null.

Weil sie ihre Gedanken einfach für viel wichtigere Dinge gebraucht haben. Dinge, die teilweise sicherlich überlebensnotwendig waren.

Deshalb sollten wir immer im Hinterkopf behalten: Unsere Nöte und Gedanken zu unserem vermeintlich unperfekten Körper sind Luxusprobleme.

Wir haben Zeit und Kraft für solche Gedanken, weil wir

vor keinem Krieg flüchten müssen und wir alle unser Nest haben, in dem es uns gut geht.

Vergesst bitte nicht: In dem Moment, in dem wir größere Sorgen und Probleme haben, werden kleine Narben und Veränderungen komplett in den Hintergrund treten. Es ist wieder eine Frage der Relevanz, aber auf einer anderen Ebene.

Natürlich ist die Zeit gerade eine andere und wir haben die Möglichkeit, uns auch um unser Äußeres Gedanken zu machen. Aber darf es nicht auch tröstlich für uns sein, dass es uns diese intakte Umgebung überhaupt erst ermöglicht, dass wir uns mit all diesen Themen beschäftigen? Dass es eigentlich ein Segen ist, dass es uns so gut geht, dass unser Kopf frei für die Gedanken rund um unseren Körper ist?

☆ WIR HABEN GLÜCK:
Wir leben in friedlichen Zeiten.
Es geht uns gut.
Nur diese beiden Ausgangspunkte
machen es möglich, dass wir uns so viel mit
möglichen Makeln auseinandersetzen.

DIE ANGST VORM SCHEITERN
UND VOR ANDEREN BLICKEN

»Die Zukunft hat viele Namen:
Für die Schwachen ist sie das Unerreichbare,
für die Furchtsamen ist sie das Unbekannte,
für die Tapferen ist sie die Chance.« - **Victor Hugo**

»Mama, ich muss einen Stinker« gehört zu meinen Top 3-Sätzen der Kinder, die mich oft heftig zusammenzucken lassen. Diesen Satz höre ich nämlich oft unterwegs. Zum Beispiel, wenn ich gerade auf einem schönen Spielplatz bin mit ihnen oder sonst irgendwo, wo es weit und breit keine Toilette gibt. Die Panik ist immer riesig, was ich denn nun mit diesem Kind, also eben meinem Kind, anstellen soll. Eine gute Freundin gab mir dann den Tipp, einfach eine Plastiktüte mitzunehmen. Das tue ich jetzt. Feuchttücher habe ich sowieso immer dabei. Die gehören ja in die Standard-Top-3-Ausstattung einer durchschnittlichen Mutter. Womit sonst macht man klebrige Kinderhände sauber, putzt Schokolade aus fremden Autositzen und säubert das Essen der letzten drei Mahlzeiten aus den Oberteilen? Genau diese Tücher sind auch bestens geeignet, um sich dem »Ich muss unterwegs groß« -Problem anzunehmen. Durch meine perfekte Vorbereitung ist das Unterwegs-Geschäft auch gar kein so großes Thema mehr.

Vorher war das für mich wirklich immer das größtmögliche Fiasko unterwegs und durch die »Tüte to go« hat es aber deutlich an Schrecken verloren.

Wie das nun zu euch und eurem Mama-Körper passt? Eine gute und berechtigte Frage, die ich gerne beantworte.

Dieses Beispiel passt wunderbar zu einer Strategie, die

ich mir generell angewöhnt habe. Sie hilft mir sehr und ich will sie mit euch teilen, weil sie Leben rettet. Okay, Leben vielleicht nicht gerade. Aber Nervenzellen rettet sie auf jeden Fall und grauen Haaren beugt sie auch vor.

In allen Situationen, die mich verunsichern oder die ich nicht einschätzen kann, frage ich mich im Vorfeld: »Was ist das Schlimmste, was passieren kann?«

Diese Frage klingt auf den ersten Blick banal, aber es geht einfach darum, dass ich mir das schlimmste Szenario, das eintreten könnte, kurz durchspiele und dann überlege, ob ich mit dem »Worst Case« leben könnte. Wenn ich mit drei kleinen Kindern in den Supermarkt gehe, weiß ich also schon vorher, dass sie sicherlich in alle Himmelsrichtungen davonrennen werden oder mindestens ein Kind schreiend auf dem Boden liegt. Das ist natürlich nicht der schönste Ausblick. Aber diese undefinierbare Unsicherheit, die drohend über mir schwebte, ist dann weg. An manchen Tagen nehme ich das also in Kauf und wir gehen einkaufen. An anderen habe ich auf dieses Drama aber keine Lust und ich lasse es sein.

Oder wenn ich mit dem Bikini ins Freibad gehe und meinen entzückenden Faltenbauch und die dicken blauen Krampfadern an Waden und Knie zeige, dann denke ich mir: »Nun gut, was ist das Schlimmste, was passieren kann? – ein paar Leute starren mich deswegen vielleicht an.« Okay, das Schlimmste werden also vielleicht ein paar Blicke von Menschen sein, die ich davor oder danach nie mehr sehe. Von Personen, die selbst nicht wirklich in sich ruhen können und die selbst wahrscheinlich so unzufrieden mit sich sind, dass sie Makel bei anderen suchen. Oder von Menschen, die sich so perfekt und schön finden, dass sie es nötig haben, auf die Makel anderer zu schauen. Ja, mit diesen Blicken könnte ich leben. Zumal die Vergänglichkeit bei keinem von uns Halt macht und ich denke, wenn ich diese Person in zehn Jahren noch einmal treffen würde, würden wir komplett neu miteinander abrechnen. Denn mit Sicherheit hinterlassen eine freundliche Seele und eine positive Einstellung langfristig mehr Schönheit als eine hübsche Hülle und ein fragwürdiger, beurteilender Charakter.

Wenn jemand genauer schauen will, wie eine Dreifach-Mama aussieht, dann wird er das sowieso machen. Viel Interessantes gibt es da nicht zu entdecken.

Diese Strategie könnt ihr für all eure persönlichen Probleme anwenden – so wie ich Krampfadern habe, habt ihr vielleicht Schwangerschaftstreifen oder ein Röllchen am Bauch, die euch stören.

Es gibt noch einen weiteren Grund, warum es Sinn macht, sich vorab mit möglichen Problemen zu befassen. Denn es ist immer gut, sich früh Gedanken zu machen, um im Fall der Fälle eine Antwort parat zu haben.

Denn meistens überfordern uns Probleme dann, wenn wir nicht darauf vorbereitet sind. Wenn sie uns unvermittelt treffen und wir nicht damit gerechnet haben. Aber sobald wir schon eine Antwort auf das Problem haben, wird dich viel weniger negative Energie treffen als wenn du mögliche Probleme nicht zu Ende gedacht hast.

In der Einleitung des Kapitels war die besagte Plastiktüte für große Geschäft unterwegs meine »Antwort« auf das Problem. Aber das funktioniert natürlich auch mit Sätzen oder einfach nur mentalen Strategien, die ihr euch bereitlegt.

Wenn euch jemand komisch anschaut im Schwimmbad,

wirst du dich nur halb so getroffen fühlen, wenn du dich vorher damit beschäftigt hast, welche Art von Menschen es nötig hat, andere abschätzend anzuschauen. Das sind nämlich die, die selbst nicht mit sich im Reinen sind.

Deshalb, wenn das nächste Mal das Kopfkino verrücktspielt, sortiere ich zuerst einmal meine Gedanken und versuche herauszufinden, was wirklich der absolut schlimmste Fall ist, der eintreffen könnte. Dieses mögliche Horror-Szenario spiele ich dann bis zum Ende durch und bereite mich darauf vor, bis es akzeptabel ist, dass dieser Fall wirklich eintreffen könnte.

Aber ganz unter uns: Wenn man damit rechnet, dass etwas Schlimmes eintrifft, passiert es oft gar nicht. Das kommt immer nur dann, wenn man es nicht auf dem Schirm hat. Das hat das Karma schon lustig eingefädelt.

So bilden wir aktiv ein weiteres Puzzlestück unseres eigenen Schutzschildes und machen uns Schritt für Schritt etwas weniger verwundbar.

⭐ DAS BRINGT DICH WEITER:
Wenn du Angst vor einer Situation hast, frage dich, was dabei als Allerschlimmstes passieren könnte. Wenn du damit leben kannst, mach es und bereite dich entsprechend auf den »Worst Case« vor. Wenn du damit nicht zurechtkommen würdest, lass es sein. Auch diese Erkenntnis bringt dich weiter und verhilft dir zu innerer Stärke.

VERGLEICHEN IST UNGESUND

»Das Vergleichen ist das Ende des Glücks und der Anfang der Unzufriedenheit.« - **Søren Aabye Kierkegaard**

»Puh, Marie Klein hatte aber schnell wieder Größe 36 nach der Geburt. Und wie oft die es zum Sport schafft, da geht doch etwas nicht mit rechten Dingen zu. Bei der war ich auch schon ein paar Mal zuhause, da sieht es immer aus wie in einem Katalog. Super aufgeräumt, keine Krümel auf dem Boden und es steht nichts rum. Irgendwie ist mir das suspekt. Nee, die mag ich nicht.«

Solche Gedanken kennen wir alle. Die Frage ist nur: Magst du diese Person wirklich nicht? Oder hast du dich mit ihr verglichen und das Gefühl, dass du diesen Vergleich verloren hast? Vielleicht entstand die Abneigung daraufhin?

Denn oft fängt unser eigenes Unglück an, wenn wir uns mit anderen vergleichen. Wenn es um die Kinder geht, können wir vielleicht gerade noch darüberstehen, weil auch andere beruhigend sagen, dass jedes Kind verschieden ist und jedes seine eigene Zeit braucht.

Wenn es um uns selbst geht, steht aber keiner nebendran, hält unsere Hand und sagt: »Du bist genau richtig, wie du bist. Es wäre unglaublich langweilig, wenn alle genau gleich wären und es keine Unterschiede gäbe. Jeder kann irgendetwas super.«

Der Unterschied zwischen glücklichen und unglücklichen Menschen ist meistens nicht, dass die glücklichen etwas total gut können. Der Unterschied liegt darin, dass sie auch mit kleinen Dingen zufrieden sind und sich nicht mit anderen vergleichen, um zu wissen, wie glücklich sie sich schätzen »dürfen«. Sie erkennen das Glück im Alltag und finden es in kleinen Dingen oder sogar in sich selbst.

Es ist auch so, dass Kinder oft viel glücklicher sind, weil sie anfangs noch gar nicht wissen, dass man sich miteinander vergleichen kann. Sie spielen miteinander, haben Spaß und in den ersten Jahren kommt keiner zu seiner Mama und sagt: »Ich ärgere mich, weil er schneller rennen kann.« oder »Er ist doof, weil er einen höheren Turm baut.« Nein, das Vergleichen fängt erst später an.

Mich selbst macht das immer traurig, wenn ich bei anderen sehe, dass sie ihrem eigenen Glück im Weg stehen, weil sie dauernd damit beschäftigt sind, ob sie etwas besser oder schlechter machen als andere. Denn jeder ist so, wie er ist, genau richtig und wertvoll. Jeder kann etwas anderes besser und es sollte nicht das Ziel sein, in bestimmten Bereichen genauso gut zu sein wie unser Nachbar, eine Freundin oder eine Cousine.

Denn selbst wenn ihr gerade an derselben Stelle steht, an der ihr euch vergleichen könntet: Jede von uns hat einen anderen Weg hinter sich. Steiler oder flach, länger oder kürzer, mit mehr Kurven oder schwereren Hindernissen.

Nur weil wir an derselben Stelle stehen, heißt das nicht, dass wir auch am selben Ort losgelaufen sind.

Ich habe zum Beispiel nach den drei Schwangerschaften kaum Schwangerschaftsstreifen, was andere neidisch machen könnte. Allerdings habe ich mein Päckchen - oder ist es eigentlich ein großer Rucksack? - in Form von extremen Beckenbodenproblemen und hässlichen dunkelblauen Krampfadern. Dazu runzlige Haut an meinem Bauch, da die Haut wirklich sehr gedehnt wurde.

Was ist nun schlimmer, was ist besser? Die Antwort kann nur lauten, dass weder das eine noch das andere besser oder schlimmer ist und es auch nicht darum geht. Denn diesen Wettbewerb wird keiner gewinnen.

Unsere Erkenntnis muss vielmehr sein: Jeder hat seine eigenen Probleme, egal, ob man sie auf den ersten Blick erkennt oder nicht.

Es gibt da diesen schönen Spruch »Unter jedem Dach ein Ach«. Denn jeder hat mit seinen Problemen zu kämpfen. Auch Marie Klein ist garantiert nicht perfekt. Vielleicht hat sie noch nie einen guten Käsekuchen gebacken oder kann keine Jeans flicken oder leidet unter Hämorrhoiden und Verdauungsstörungen. Vielleicht schielt sie ständig zu uns rüber, weil unsere Kinder friedlicher miteinander spielen oder wir die schöneren Frisuren haben.

Nur weil wir aus unserer Sichtweise heraus auf den ersten flüchtigen Blick hin schlechter abschneiden, heißt das nicht, dass wir uns in den Schatten einer anderen Person stellen müssen.

Das ist sogar erwiesen: In einer amerikanischen Studie [13] untersuchten Wissenschaftler der Stanford-Universität exakt dieses Phänomen, dass wir ständig denken, dass unsere Mitmenschen zufriedener sind als wir selbst. Tatsächlich stellten sie fest, dass die Probanden systematisch überschätzten, wie viel Freude und Spaß ihre Mitmenschen in ihrem Leben haben und sie die anderen immer glücklicher fanden als sich selbst.

Da sind also plötzlich zwei sehr ähnliche Studien: In der ersten Studie – ihr erinnert euch an die Dove-Studie? - finden wir uns selbst nicht hübsch, alle anderen Frauen aber

---

[13] »Misery Has More Company Than People Think: Underestimating the Prevalence of Others' Negative Emotions«, 12/2010 in Personality and Social Psychology Bulletin veröffentlicht, einzusehen unter http://journals.sagepub.com/doi/abs/10.1177/0146167210390822; Stand der Seite 23.10.2019

schon. In dieser Untersuchung finden wir uns selbst nicht wirklich glücklich, die anderen schätzen wir aber schon als sehr zufrieden mit ihrem Leben ein.

Ihr seht: Es zieht sich wie ein roter Faden durch unser Leben, dass wir uns mit anderen vergleichen und unser Glückslevel davon abhängig machen. Wir schielen ständig auf andere und denken, den anderen ginge es besser.

Facebook und andere soziale Netzwerke verstärken diese falsche Selbsteinschätzung: Während ich mich vor den Zeiten des Internets höchstens mit meinen Schulfreunden, meinen Nachbarn und vielleicht noch ein paar Leuten beim Sport vergleichen konnten, verknüpfe ich mich heutzutage mit noch so jeder flüchtigen Bekanntschaft online.

Vielleicht auch mit Marie Klein. Dadurch sehe ich genau, dass sie eine dreimal so große Freundesliste hat, die interessanteren Urlaubsziele vorweisen kann und auch noch mehr Leute auf ihrer Pinnwand posten. Und zack, schon bin ich neidisch und fühle mich schlecht. Auch wenn die Wahrheit ist, dass ich vielleicht an 300 Tagen im Jahr viel mehr Spaß habe als sie.

Das zählt auch für den Postpartum-Körper. Denn nur weil eine andere Mama weiß, wie sie ihre Schwächen geschickt kaschieren kann, heißt es nicht, dass sie nicht existieren. Oder es sind wie bei mir Probleme, die auf den ersten oder zweiten Blick nicht erkennbar sind. Denn wenn man nicht gerade ein Buch darüber schreibt, bindet man das natürlich nur selten fremden Menschen auf die Nase, dass man beim Sport ab und zu undicht ist oder wegen seiner ausgeprägten Krampfadern schon ein Facharztgespräch wegen einer möglichen Operation hatte.

Und hey, wenn ihr schon vergleichen wollt – warum vergleicht ihr euch nicht einfach mit euch selbst? Überlegt euch, was ihr in den letzten fünf oder zehn Jahren erreicht und wie ihr euch verändert habt.

Worauf seid ihr stolz? Ganz sicher steht ihr nicht mehr an derselben Stelle wie damals. Klar, euer Körper ist nun etwas anders. Aber abgesehen davon, wie habt ihr euch entwickelt? Ihr habt nun ein oder mehrere Kinder, eure Ausbildung ist vielleicht abgeschlossen und ihr wohnt nun in einer größeren Wohnung als früher. Eventuell habt ihr sogar schon etwas richtig Großes erreicht, wovon ihr früher geträumt habt – und das war euch bis eben gar nicht bewusst.

Nehmt euch also ruhig Zeit und fangt an mit dem Vergleichen - aber bitte nur euch mit euch selbst! Am besten schriftlich, dann wird euch ganz deutlich vor Augen geführt, wie klasse ihr euch entwickelt habt.

⭐**SO IST DAS:**
Unser eigenes Unglück fängt oft erst an,
wenn wir uns mit anderen vergleichen.
Unser Glück kommt aber
von uns innen heraus,
es kann uns kein anderer Mensch geben.
Vergleiche schaden.
Der einzige Vergleich ist der mit euch selbst:
Was habt ihr in den vergangenen fünf
oder zehn Jahren schon erreicht?

WIE BEKOMME ICH DEN NEID WEG?

»Beneide niemanden, denn du weißt nicht, ob der Beneidete im Stillen nicht etwas verbirgt, was du bei einem Tausch nicht übernehmen möchtest.« - **Johan August Strindberg**

Das Problem bei Vergleichen ist, dass ihr euer Inneres mit dem Äußeren anderer Menschen vergleicht. Beim Äußeren geht es viel um Selbstdarstellung, die Fassade und gerade in sozialen Netzwerken »gewinnen« diejenigen, die sich nach außen besser präsentieren können. Auch wenn sie tief innen drin eigentlich unglücklicher sind als ihr.

Glaubt mir, die Menschen, die ihr beneidet, sind auch auf andere Menschen neidisch. Das trägt jeder von uns in sich – ich leider auch.

Ich bin zum Beispiel neidisch auf alle Mamas, die eine Tochter haben dürfen. Klar, ich bin megastolz auf meine drei Jungs und würde keinen hergeben. Aber ich werde nie die Mutter der Braut sein, ich werde nie stundenlange Telefonate mit einer Tochter führen oder gemeinsam mit ihr einen Städtetrip unternehmen. Ich werde immer die Schwiegermutter bleiben und nie wissen, wie meine Tochter ausgesehen hätte. Diese Erkenntnis war teilweise schwer für mich. Aber das Leben ist nicht planbar und ich bin unendlich dankbar für drei gesunde Söhne. Ich verbiete mir meine kleine Trauer um die Tochter, die ich nie haben werde, nicht. Sie darf neben all meinem Glück und meiner Zufriedenheit ihren Platz haben, weil auch diese Gefühle für mich zum Leben dazugehören.

Ich bin auch neidisch auf Paare, die den perfekten Babysitter gefunden haben, und abends regelmäßig ausgehen. Weil der für drei Kleinkinder schwer zu finden ist und es daher kaum Paar-Abende gibt bei uns.

Ich bin neidisch auf Frauen, die keine Beckenboden-probleme haben, und den Sport ausüben können, den sie möchten, oder sogar Trampolin springen können. Und auf alle, die nicht nach fünf Kilometern aufhören müssen zu joggen, weil ihre Sporthose nass ist.

Ich bin neidisch auf alle, die neben einer angebrochenen Chips- oder Schokoladenpackung sitzen können, ohne sie leerzufuttern. Weil mir ein innerer Dämon immer befiehlt, dass ich diese Sachen in mich hineinstopfen muss und dieser erst Ruhe gibt, wenn das Zeug meinen Magen füllt.

Ich bin neidisch auf alle Frauen, die am Stück Karriere machen. Weil ich meinen Vollzeitjob durch die Kinder auf Eis legen musste und jede Mutter weiß, dass man seine Karriere in Wirklichkeit nicht auf Eis legt, sondern sie mehr oder weniger beendet.

Ach ja, einfach jeder von uns findet innerhalb von Sekunden Punkte, warum er auf wen neidisch sein könnte. Aber das ist einfach eine komplette Zeitverschwendung, weil es uns in unserem Lebensglück und unserer Zufriedenheit kein Stück nach vorne bringt. Denn Glück und innere Balance finden wir nur in uns selbst und nicht, wenn uns gerade keiner einfällt, auf den wir neidisch sind. Aber was kannst du tun, wenn du dieses Gefühl hast und einfach nicht loswirst?
Probiert es einmal mit meinem dreistufigen Modell, das ich mir gerne vor Augen führe, wenn mich dieser doofe Neid überkommt

1 | ERREICHEN (TRY TO REACH IT):
Könnt ihr eure eigene Situation verändern? Könnt ihr hart daran arbeiten, dass ihr die angestrebte Sache auch erreicht? Könnt ihr zum Beispiel eure Mama-Figur so verändern, dass ihr euch wirklich annehmen könnt? Könnt ihr so viel Geld verdienen, dass ihr euch den langersehnten Traumurlaub wirklich leisten könnt? Das ist beides nicht innerhalb weniger Wochen erreicht, sondern teilweise jahrelange Arbeit, bis das Ziel in Sichtweite kommt. Mit Rückschlägen und wenig Spaß zwischendurch. Wenn es euch so viel wert ist, nehmt die Sache in die Hand und arbeitet daran. Den Startschuss dafür könnt nur ihr allein geben.

2 | Akzeptieren (ACCEPT THE IMPOSSIBLE):
Könnt ihr die Situation nicht erreichen, auf die ihr neidisch seid? Wie vielleicht ich mit meiner Tochter, die ich nie haben werde oder den Halbmarathon, den ich nie mehr laufen kann? Dann macht euch bewusst, dass unser aller Leben unterschiedlich verlaufen und es einfach Dinge gibt, die wir nicht in der Hand haben. Jeder von uns geht seinen eigenen Weg. Wie schwer würde euer Problem wiegen, wenn ihr nur noch wenige Wochen zu leben habt oder die Diagnose einer schlimmen Krankheit bekommt? Stört es euch dann auch noch? Sicherlich nicht. Denn plötzlich sind andere Sachen wichtiger. Schreibt euch als ersten Schritt eine Liste, wofür ihr glücklich und dankbar seid. Diese könnt ihr immer zur Hand nehmen, wenn es euch gerade nicht so gut geht.

3 | LOSLASSEN (Leave It):
Wenn ihr es nicht ertragt, dass jemand etwas hat, das ihr nicht haben könnt, vermeidet diese Personen oder Situa-

tionen. Denn wenn es euch erst dann besser geht, wenn ihr den Kontakt abbrecht, nicht mehr zu bestimmten Kursen geht oder einen anderen Lebensweg einschlagt, ist das vielleicht der einzige Weg. Manchmal hilft nur ein radikaler Schnitt und wenn es eurem Seelenheil dient, ist ein harter Abschluss vielleicht das Beste. Es muss nicht für immer sein, aber in diesem Lebensabschnitt kann Abstand auch manchmal die einzige Lösung sein. Auch das ist eine wichtige Erkenntnis für unser Schutzschild: Jeder von uns ist in seinem Leben viele Male neidisch. Die Kunst besteht darin, produktiv mit diesem Gefühl umzugehen. Kämpft nicht gegen die Welle an, nutzt sie und surft auf ihr.

Schaffen wir das, können wir den negativen Auslöser nutzen und vielleicht sogar in eine positive Veränderung wenden.

☆**VERGISS NICHT:**
Neidisch sein ist eine Verschwendung deiner Energie. Es bringt dich nicht weiter und verändert dich nicht.
Du findest sicherlich immer 100 Gründe, warum du neidisch sein könntest.
Und hoffentlich 1000, warum du stattdessen lieber dankbar sein solltest.
Wenn du auf etwas neidisch bist, arbeite entweder daran, es zu erreichen oder finde dich damit ab, dass du es nicht haben kannst.

WIR SIND ALLE EINS IM MUTTIVERSUM

« Während die Mütter noch darüber streiten,
wer nun besser erzieht, verbindet sie vor allem eins:
diese unerträgliche Müdigkeit.« - **Miriam Fuz, Muttiversum**

Lieber Mütter, Butter bei die Fische: Wenn man nicht gerade ein überirdisches Supermodel oder die durchtrainier-
teste Frau dieser Welt ist, drückt es den Bauch bei allen
Mamas raus, wenn sie zu viel gegessen und getrunken haben. Und durch die vorgedehnte Gebärmutter sehen die
meisten Mütter auch ein bisschen schwanger aus, wenn
gerade Tante Rosa zu Besuch ist. Vorgedehntes Gewebe
weitet sich einfach schneller aus. Damit haben wir Mamas
schon ziemlich viele Gemeinsamkeiten und allein das sollte uns zusammenschweißen.

Nur tut es das in der Realität leider nicht. Denn die eine
sieht angeblich besser aus, die andere hat die hübscheren
Kinder und die dritte übertreibt es jedes Mal ohne Ende,
wenn sie einen Kindergeburtstag ausrichtet.

Lasst uns das doch einmal über Bord werfen, lasst uns
weniger über Erziehungsstile und flache Bäuche sinnieren.
Lasst uns weniger kritisch beäugen und beurteilen, wer
jetzt eigentlich zu viel oder zu wenig arbeitet oder wer gar
nicht arbeitet und wer aber dafür fast Vollzeit. Denn wie
heißt es so schön: »Cool Moms don't jugdge.«

Letztendlich ist das alles nämlich nicht wichtig und sogar total egal. Wir sind alle Mamas und wir sind eins im
»Muttiversum« . Wir kommen regelmäßig an die Grenzen
der Belastbarkeit und wir alle empfinden es als Wellness-
urlaub, wenn wir zwei Stunden Zeit für einen Stadtbummel haben. Den nutzen wir alle allerdings leider, um durch

Kinder-Abteilungen zu schleichen. Erst, wenn wir uns selbst ermahnt haben, jetzt aber »endlich einmal etwas für mich zu tun«, schaffen wir vielleicht noch einen Cappuccino im Café.

Seit wir Mütter sind, haben wir alle zu wenig geschlafen, zu viel geschimpft, waren an einem Tag zu streng und am anderen zu nachgiebig. Wir haben unsere Kinder aus tiefstem Herzen geliebt und sie bewundert und uns zehn Minuten später sehnlichst die Bettgehzeit herbeigewünscht, weil sie uns so sehr auf die Nerven gegangen sind.

Wir lieben die Zeit mit ihnen und möchten sie nie mehr hergeben. Auf der anderen Seite möchten wir endlich wieder allein auf die Toilette gehen und nicht mehr für 150 verlorene Socken, Schuhe und Mützen zuständig sein, sondern wieder freier und selbstbestimmter leben. Wenn auch nur für wenige Minuten.

»Es braucht ein Dorf, um ein Kind großzuziehen« ist eines meiner Lieblingszitate – die ein oder andere kennt es vielleicht aus meinem ersten Buch. Aber ich liebe es so sehr, dass ich es euch auch an dieser Stelle an die Hand geben will – denn zusammen macht alles mehr Spaß und man erreicht gemeinsam viel mehr, als es alleine denkbar wäre. Daher sprecht mit anderen Müttern offen über eure Fehler, über eure Probleme. Habt keine Angst, dass ihr euch damit bloßstellt. Vielleicht haben sie nur darauf gewartet, dass jemand offen ein Thema anspricht.

Ihr werdet mit dieser Einstellung immer gewinnen. Lasst es auf einen Versuch ankommen. Schwäche zeigen nur die Starken!

In einer ehrlichen Gemeinschaft werden immer alle einander auffangen und keine wird dafür verurteilt werden, wenn sie authentisch ist.

Versucht es bei der nächsten Gelegenheit, es wird sich auszahlen.

 ÄNDERE DEINE STRATEGIE:
Sei nicht stark, sei schwach.
Verberge deine Fehler nicht,
sondern zeige sie offen.
Beurteile andere nicht,
sondern sei mindestens neutral.
Versteck dein wahres Ich nicht,
sondern zeige es – mit deinem Humor,
deiner Sensibilität,
deiner Sichtweise auf die Welt.

WELCHE GESPRÄCHE GEBEN MIR KRAFT

»Sag' einer Person, dass sie mutig ist,
und du hilfst ihr es zu werden." - **Thomas Carlyle**

Ich weiß noch wie gut mir damals - als Einzelmama - Gespräche taten mit Mamas von drei oder noch mehr Kindern. Es war total seltsam, aber gerade diese Mütter haben immer so eine Ruhe und Gelassenheit ausgestrahlt. Die hat das meistens nicht wirklich aus dem Gleichgewicht gebracht, wenn das Kind aufs Knie gefallen ist oder der Lärmpegel durch die spielenden Kinder so groß war, dass ich kaum noch etwas verstanden habe. Während dieser Kindersturm um uns herumgetobt hat, habe ich des Öfteren nette Sachen gesagt bekommen. So ganz normale, nette Sachen. So etwas wie: »Ach Mensch, ärgere dich nicht drüber. Das wird besser.« Oder »Bei mir daheim war das früher auch immer total chaotisch, als die klein waren.« Dann habe ich gestutzt, an die saubere Wohnung von ihr gedacht und gewusst: »Diese Mama sagt die Wahrheit.«

Die meint es nicht nur gut oder will mich mit einer leeren Floskel trösten. Sie weiß das tatsächlich. Weil sie vor fünf Jahren selber noch nicht zum Aufräumen gekommen ist und sie mir aber damit sagen kann: »Diese schlimme chaotische Zeit vergeht.« Das ist wahrer und aufrichtiger Trost für gestresste Mamas; der Austausch mit anderen Müttern, die uns nur um ein paar Jahre voraus sind. Eben so weit, dass man sieht, dass es tatsächlich besser wird. Aber nicht so weit, dass man sie nicht mehr als gleichgestellt anerkennt.

Als meine beiden großen Jungs drei und eineinhalb Jahre alt waren und mein dritter Knopf in meinem Bauch so groß wie eine Erbse, habe ich einmal bei einer Freundin übernachtet. Sie hat drei größere Kinder, die damals im Grundschulalter waren. Für mich war diese eine Übernachtung, eine Stunde entfernt von zuhause, eine Weltreise. Ich war aufgeregt, wie wohl die Nacht wird und was die Kinder dort alles anfassen oder sogar kaputtmachen werden. Ich wusste, es wird abends ein Kampf, bis beide schlafen und war vorher ziemlich angespannt, ob diese Aktion mit den Kindern überhaupt Sinn macht.

Letztendlich war das richtig toll dort. Die drei Kinder meiner Freundin haben sich sehr liebevoll um meine gekümmert. Und was ich dort darüber hinaus gesehen habe, konnte ich irgendwie kaum glauben. Da tat sich wirklich ein Paralleluniversum zu meiner aktuellen Welt auf: Diese Kinder, die ja auch erst im Grundschulalter waren, haben alleine Bücher angeschaut, ohne dass die Mama das mit ihnen gemacht hat. Sie haben mitgeholfen, den Tisch zu decken. Sie haben sich miteinander unterhalten und beschäftigt, ohne dass die Mama ständig dabeistehen musste. Und abends war das wirklich so ganz anders als zuhause bei mir mit den beiden kleinen Zwergen. Sie haben sich alleine umgezogen, die Zähne geputzt und sind dann friedlich in ihren Betten verschwunden.

Ich war so platt, als ich diese Parallelwelt beobachten durfte. Mit zwei Kleinkindern war ich immer nur am Rennen, Umziehen, Wickeln, Chaos beseitigen und trösten. Abends fiel ich immer fix und fertig auf die Couch. Ein normales Leben mit den Kindern, in dem man sich unterhält oder sie sich gar mehr als 2 Minuten alleine beschäftigen, erschien mir unrealistischer wie eine Reise zum Mond.

Oh Mann, ich kann euch sagen, als ich das gesehen habe, dass so eine Ruhe und Zufriedenheit möglich ist - und irgendwie sogar greifbar - war ich richtig erleichtert. Es tat mir so gut, dass ich selbst wohl in etwa fünf Jahren auch Kinder haben würde, mit denen ein normales Familienleben möglich ist. Ein Miteinander, wie man sich das vorstellt. Denn wenn man zwei Kleinkinder hat, die beide irgendwie in der Trotzphase hängen, ist es leider oft ein Gegeneinander. Die Kinder gegeneinander oder die Kinder gegen die Mama – egal wie, einfach gegeneinander. Das frisst unheimlich viel Energie. Energie, die mir natürlich auch für mich und meine Selbstliebe gefehlt hat.

Natürlich, das Wochenende hat mich letztendlich auch Kraft gekostet. Die Kinder schliefen spät ein, der Jüngste natürlich auch schlecht in der fremden Umgebung und morgens war ab sechs Uhr Highlife. Daher waren meine Energiereserven aufgebraucht, als ich nach Hause fuhr.

Aber die Zeit dort hatte mir so unheimlich mehr gegeben. Ich hatte gesehen, dass dieses schöne Miteinander gar nicht so weit weg ist, wie ich immer dachte. Die Kinder müssen nicht erst zehn und zwölf werden, damit es für mich viel leichter wird. Schon im Grundschulalter werde ich etwas mehr durchschnaufen können und vielleicht so entspannt sein wie meine Freundin damals.

Und wisst ihr was, ich kann euch trösten. Diese entspannte Zeit fängt sogar noch etwas früher an: Die Großen sind nun vier und sechs Jahre alt. Und sogar jetzt ist es schon viel entspannter bei uns daheim. Auch jetzt helfen sie schon mit, spielen an manchen Tagen lange und friedlich miteinander. An anderen Tagen ist es natürlich so, dass ordentlich gezankt wird, wie es eben so ist. Aber die lasse ich hier einfach ganz galant unter den Tisch fallen, da die friedlichen Phasen überwiegen. Es sagt uns irgendwie nur kaum jemand, ab wann das denn eigentlich besser wird, dieser tägliche Kleinkindterror. Dass man seinen Aufgaben immer nur hinterherhechelt, weil man zu nichts kommt und die Kinder nichts, wirklich nichts, alleine machen.

Dabei kommt diese entspanntere Zeit oft etwas schneller als gedacht. Man bekommt es nur selten mit, weil Mütter ja oft mit den Müttern zu tun haben, deren Kinder etwa gleich alt sind.

Vielleicht können wir ab sofort auch diejenigen sein, die andere Mütter mit so kleinen Details großen Mut zusprechen und ihnen dadurch helfen, den Lichtblick am Horizont zu erkennen?

Vielleicht könnt ihr euch auch gezielt mit Müttern unterhalten, deren Kinder etwas älter sind? Denn so erkennt ihr am besten, dass ihr bald wieder etwas mehr Zeit für euch haben werdet. Allein diese Aussicht ist viel wert und wird euch auch in schwereren Phasen begleiten.

⭐ **DAS HILFT DIR:**
Wenn wir mutlos sind, tut uns der Austausch
mit Müttern gut, die ein paar Jahre voraus sind.
Aber auch wir können diejenigen sein,
die andere Mütter trösten, wenn deren Kinder
im Supermarkt toben
oder sie sich überfordert fühlen.
Sprecht generell oft mit den Menschen,
die ihr toll findet, und holt euch dort
positive Energie ab.

STELLE DIE RICHTIGEN FRAGEN

»Dein Wort ist dein Zauberstab.
Die Worte die du sprichst, erschaffen dein eigenes Schicksal.«
- Florence Scovel Shinn

Ich wache morgens auf. Natürlich wurde ich unsanft von den Kindern geweckt. Durch meine verschlafenen Augen erkenne ich, dass der Wecker bei 5.45 Uhr steht. Der eine zieht rechts, der andere links und in der Mitte springt der Älteste auf meinen Bauch. Ich habe quasi den Morgen meines Lebens! Und das gefühlt ständig, seit ich Kinder habe. Irgendwie fand ich das in meinen Vorstellungen viel schöner und romantischer statt, dieses morgendliche Aufwachen. Aber nun gut, so ist es eben oft bei uns morgens und es ist nichts mit »gemütlich aufwachen, dreimal tief durchatmen und besinnlich auf den Tag einstimmen.« Ich muss da oft an eines unserer liebsten Bilderbücher denken, das wir haben. Es handelt vom Muffelmonster,[14] das immer wahnsinnig schlechte Laune hat und dann von dem kleinen Moritz, seinem Menschenfreund, gesehen werden kann. Erst wenn es gute Laune hat, wird es unsichtbar und kann zu seinen Monsterfreunden zurückkehren. Also dorthin, wo es eigentlich sein möchte und auch hingehört.

Das bin ich! Ich bin das Muffelmonster. Muffelmonster Miri startet den Tag nämlich eher schlecht gelaunt, weil die Zwerge ihr den eigenen Rhythmus komplett nehmen und sie diese Fremdbestimmung um sechs Uhr morgens überhaupt nicht mag und generell kein geborener Frühaufsteher ist.

---

14 Buch »Kleines Muffelmonster ganz groß: Drei Bilderbuchgeschichten, die ratzfatz gute Laune machen« von Julia Boehme, ISBN-13: 978-3401706337

Ich habe nun also die Wahl, grummelig und sichtbar zu bleiben oder gut gelaunt unsichtbar zu werden und den Tag gut gelaunt mit den Menschen zu verbringen, die ich gerne um mich habe.

Ich bleibe ganz sicher ein sichtbares Muffelmonster, wenn ich mir so Fragen stelle wie »Was wird heute der nervigste Termin mit den Kindern sein« oder »Hilfe, war dieser Rettungsring am Bauch gestern auch schon so groß?« .

Dagegen gibt es quasi eine Unsichtbar-Werd-Garantie, wenn ich mich morgens frage: »Welche Dinge stehen heute an, die mir Spaß machen? Wofür bin ich dankbar?« oder abends reflektiere »Habe ich heute etwas Gutes getan für jemanden?« .

Das Beste daran ist, dass diese Technik auch mit kleinen Kindern funktioniert – wir brauchen dafür keine Zeit für uns alleine, keinen Babysitter, keinen Ehemann, der pünktlich zuhause ist, keine Vorbereitung, sondern einfach nur uns selbst und den Willen, uns kurz Zeit für uns selbst zu nehmen, damit aus dem Muffelmonster Miriam die normale Miriam wird, die mit guter Laune.

Es ist sogar wissenschaftlich bewiesen, dass uns mehr Schönes begegnet, wenn wir dem Positiven mehr Raum geben. Das Gesetz der Anziehung, dass Gleiches Gleiches anzieht, ist auch logisch: Man kann sich nicht ständig mit Negativem beschäftigen und dabei große positive Veränderungen erwarten. Ich meine, klar. Ich kann nicht den ganzen Tag jammernd zuhause sitzen und hoffen, dass jemand an der Tür klingelt, der mir plötzlich zu guter Laune verhilft. So leicht bekommen wir nur in den seltensten Fällen etwas geschenkt im Leben. In 99 Prozent der Fälle müssen wir selbst aktiv werden.

Forscher der University of California und der University of Miami haben Glücksgefühle untersucht. Sie fanden durch ihre Studie[15] heraus, dass diejenigen Teilnehmer glücklicher und zufriedener waren, die ein Dankbarkeitstagebuch führten. Denn diese Menschen stellten sich täglich die richtigen Fragen, nämlich danach, was sie glücklich gemacht hat und welche positiven Erlebnisse sie hatten.

Im Rahmen der Studie notierten sie mehrere Monate lang täglich diese Begegnungen und Dinge, für die sie dankbar waren – und verspürten nachweislich mehr positive Gefühle wie Glück und Zufriedenheit als die teilnehmende Kontrollgruppe. Der große Punkt für mich ist dabei das Wort »nachweislich« . Das ist kein esoterisches »Ich bin eins mit dem Universum« -Gerede, sondern es ist bewiesenermaßen so, dass es diesen Menschen besser geht. So wie gesundes, mit Liebe besprochenes Wasser nachweislich schönere und feinere Kristalle bildet.

Wir können uns selbst also wirklich umpolen, wenn wir es denn möchten. Wollen wir ein Muffelmonster sein, das auch so wahrgenommen wird? Oder soll das Muffelmonster verschwinden und dafür die gute Laune gewinnen? Wir selbst können dafür sorgen, dass wir unsere körperlichen Veränderungen akzeptieren und zwar dadurch, dass wir dankbar sind für all die Dinge, die uns im Positiven umgeben und nicht auf Bestätigung von außen warten. Wie sagte der britische Maler Francis Bacon einst: »Nicht die Glücklichen sind dankbar.

---

15 Counting Blessings Versus Burdens: An Experimental Investigation of Gratitude and Subjective Well-Being in Daily Life (2003), veröffentlicht in Journal of Personality and Social Psychology, 2003, Vol. 84, No. 2, 377–389 (https://greatergood.berkeley.edu/images/application_uploads/Emmons-CountingBlessings.pdf, Stand der Seite 23.10.2019)

Es sind die Dankbaren, die glücklich sind.«
Wir können nicht Zweifel, Kritik und negative Gefühle streuen und erwarten, dass etwas Positives zurückkommt. Aber wir können positive Fragen, Liebe, Glück und Zufriedenheit aussenden und dies wird um ein Vielfaches zu uns zurückkehren.
Ab sofort fragen wir uns also nicht mehr: Warum passiert das mir? Sondern: Was kann ich tun, damit ich mich nicht mehr so sehr darüber ärgere?
Lasst uns das Muffelmonster in uns ab sofort in die Schranken weisen und so aktiv dafür sorgen, dass unser Schutzschild weiter wächst.

⭐ **NIMM DIR KURZ ZEIT:**
Du hast die Wahl:
Bist du ein Muffelmonster oder du selbst?
Beachte das Gesetz der Anziehung:
Du wirst das, woran du denkst.
Ich möchte andere Antworten haben
– wie muss ich meine Fragen verändern,
um sie zu erhalten?
Wir können die Richtung täglich beeinflussen:
Ist mein schlechter Tag wirklich schlimm
oder ist das nur meine persönliche
Wahrnehmung? Was kann ich ihm Positives
abgewinnen?

MANCHMAL KANN MAN DIE
UMSTÄNDE NICHT ÄNDERN
– ABER DIE EIGENE EINSTELLUNG DAZU

»Es sind nicht die äußeren Umstände, die das Leben verändern,
sondern die inneren Veränderungen, die sich im Leben äußern.«
- Wilma Thomalla

Stellen wir uns auch einmal die folgende Situation vor: Ich war arbeiten und fahre nun zum Kindergarten. Normalerweise ist die Strecke immer frei, aber heute ist es wie verhext. Zuerst biegt der Schulbus genau vor mir auf die Straße und als der zwei Dörfer weiter endlich weg ist, gurkt der langsamste Autofahrer der Welt vor mir her. Oh Mann, wie kann man nur so langsam fahren. Ich kralle die Hände ans Lenkrad und kann es nicht glauben, wie jemand meine wertvolle Lebenszeit verplempert. »Ich hätte wirklich früher losfahren sollen, warum habe ich es nicht geschafft?« , ärgere ich mich über mich selbst. Am Ende nehme ich noch drei rote Ampeln mit und komme trotzdem pünktlich am Kindergarten an. Es ist knapp, aber es reicht zeitlich.

Die Situation kennen wir alle so oder so ähnlich - und am Ende ist es oft so: Es ist kein großes Drama, dass man ein paar Minuten später dran ist als gedacht. Aber die Fahrt hat mich einige Nerven gekostet und sicherlich ein paar graue Haare fabriziert. Und wofür? Eigentlich für nichts, denn am Ende hat alles gepasst.

Wie oft bin ich genervt, weil die Kinder morgens rumtrödeln und nicht in die Pötte kommen. Ich treibe sie nachmittags an, damit wir auf jeden Fall pünktlich zu einer von vielen Schwimmstunden kommen und rege mich unterwegs so über den Verkehr auf, dass so mancher Bauarbeiter seinen Hut ziehen würde vor mir. Wenn ich dann doch einmal zu spät komme, ist es irgendwie immer egal, weil mindestens fünf andere Mamas auch zu spät dran sind und weil die Schwimmlehrerin sowieso immer etwas später beginnt. Dann ärgere ich mich über mich selbst und meine fehlende Gelassenheit.

So ist es auch mit unserem Leben: Unterwegs hetzen wir uns ab, regen uns über Kleinigkeiten auf, schimpfen über Mini-Episoden, die langfristig absolut bedeutungslos sind, sind viel zu streng mit uns selbst und kommen gestresst und abgehetzt an unserem Lebensabend an.

Was passiert dann? Wir schauen zurück und bedauern, dass wir nicht vermehrt das Schöne gesehen haben, dass wir nicht öfter einfach nur genossen haben und mehr Spaß hatten. Diese Geschichte ist nicht nur ein Vergleich mit unserem Alltag, sondern ist ein Symbol für unser gesamtes Leben.

Denn der Clou an der Geschichte ist: Die Fahrt in diesem nervigen Verkehr dauert immer genau gleich lang – egal, ob ihr euch aufregt oder schöne Musik hört oder vor euch her träumt.

Genauso ist es auch mit unserem Leben: Am Ende werden wir all die Momente bedauern, in denen wir viel zu streng mit uns waren, und uns nicht genug Liebe, Selbstachtung und Fürsorge geschenkt haben. Also lasst uns lieber früher als später damit beginnen.

Wir können manche Umstände nicht ändern, aber unsere Einstellung dazu können wir täglich aufs Neue überdenken und anpassen. Das gilt sowohl im Verhalten gegenüber unseren Kindern und Mitmenschen, aber natürlich auch in unserem täglichen Handeln und im Umgang mit uns selbst.

Wie ist es eigentlich mit unseren Makeln, die wir vor der Schwangerschaft als störend empfunden haben? Wir sollten uns fragen, ob wir sie noch als genauso schlimm wie früher empfinden oder eher in den Hintergrund gerückt sind? Ich habe mir früher zum Beispiel Gedanken gemacht, weil meine Ohren unterschiedlich sind, die eine Ohrmuschel ist oben viel weiter umgeknickt als die andere. Das empfand ich stets als großen Makel und ich habe immer gehofft, dass es niemand entdeckt.

Seit ich meinen After-Baby-Body durch die Welt trage und mich mit Beckenbodenproblemen und schrumpeliger Haut beschäftige, habe ich allerdings keine fünf Gedanken mehr an meine Ohren verschwendet. Die Situation hat sich dabei natürlich nicht geändert, meine Ohren sind nach wie vor unterschiedlich geformt – ihr könnt gerne nachschauen, wenn ihr mich irgendwo trefft. Aber mein Blick darauf ist nun ein komplett anderer: Da ich nun andere Probleme haben, die mich beschäftigen, sind meine Ohren in den Hintergrund gerückt.

Ihr seht, es gibt immer genug Gründe, sich zu ärgern, wenn man das denn möchte. Wenn man es aber gar nicht darauf anlegt, sich über etwas zu ärgern, was man sowieso nicht ändern kann, ist eine andere Strategie viel besser: Sucht Gründe, warum die Situation so trotzdem in Ordnung ist. Warum es besser ist, das Gegebene anzunehmen und den Groll wie eine Wolke weiterzuschieben, bis nichts mehr von ihm zu spüren ist.

Dreht den Spieß einfach um: Wenn ihr die Situation nicht ändern könnt, ändert eure Einstellung zu der Situation. Ihr werdet merken, dass es dann viel leichter ist, sich damit zu arrangieren. Denn eigentlich kann man immer und in jeder Situation glücklich sein, wenn man seine Denkweise anpasst. Mit Sicherheit ist es Übungssache, nicht immer nur das Negative zu sehen. Aber ihr werdet merken, je öfter es euch gelingt, eure Einstellung zu überdenken und bewusst ins Positive zu lenken, desto zufriedener wird es euch machen. Das Beste ist, dass ihr auch dafür niemanden braucht. Nur euch selbst! Denn auch dieser Prozess geht ganz allein von euch aus und kein anderer Mensch ist dafür verantwortlich.

Der amerikanische Autor Dennis Kimbro behauptet, dass das Leben zu zehn Prozent aus dem besteht, was uns widerfährt, und zu neunzig Prozent daraus, wie wir darauf reagieren.[16] Das finde ich eine extrem beeindruckende Aussage und zuerst hielt ich sie ehrlich gesagt für etwas übertrieben. Aber je länger ich sie habe wirken lasse, umso mehr Wahrheit fand ich darin. Denn eigentlich besteht unser gesamtes Leben aus unseren Reaktionen auf irgendwelche Situationen. Somit machen wir selbst jeden Tag den Unterschied. Ist das nicht wunderbar? Denn die Situation bleibt immer gleich, aber ich mische mit meiner Reaktion die Karten komplett neu. Und auch wenn es heute vielleicht nicht geklappt hat, kann ich morgen wieder aufs Neue damit beginnen.

⭐ **DENKE UM:**
Ich kann nicht nur andere Fragen stellen, sondern auch meine komplette Einstellung umkehren. Wenn dich etwas nervt, analysiere dein eigenes Verhalten.
Du hast in der Hand, wie du die Situation meisterst – maximal genervt oder du lässt den Ärger an dir abprallen.

16 Original-Zitat „Life is 10% what happens to us and 90% how we react to it" Dennis P. Kimbro

WIE WUPPEN DAS MAMAS
MIT VIELEN KINDERN?

»Unzufriedenheit ist der erste Schritt zum Erfolg.«
– Oskar Wilde

In Deutschland leben etwa 850.000 Familien mit drei oder mehr Kindern. Davon haben rund 130.000 Familien vier minderjährige Kinder und in nur knapp 50.000 Familien leben fünf oder mehr Kinder unter achtzehn Jahren.[17] Das sind weniger kinderreiche Familien, als ich vor meiner Recherche dachte. Denn meine Wahrnehmung ist, dass insgesamt wieder mehr Kinder zur Welt kommen und der Trend eher weg von zwei hin zu drei Kindern geht. Diese Entwicklung freut mich wirklich sehr.

Aber ich frage mich oft, wie Mütter ihren Alltag und diese Sache mit der Selbstliebe wuppen, die mehr Kinder haben als ich. Ich bin mit meinen drei Jungs oft ausgelastet und habe wenig Zeit, mich mit mir selbst zu beschäftigen. Da interessiert mich natürlich, wie andere Mütter mit mehr Kindern es schaffen, dass sie neben all den Aufgaben in der Familie auch noch Zeit für sich finden. Ich war auch neugierig, wie ein Mama-Körper mit mehr als drei Schwangerschaften zurechtkommt. Ich meine, mein Beckenboden ist nach meinen Kindern schon nicht mehr existent – ich wage nicht einmal darüber nachzudenken, wie das mit fünf oder mehr Kindern wäre.

Deshalb habe ich für dieses Buch mit der siebenfachen Mama Claudia Hausschulte gesprochen.

17 https://www.bmfsfj.de/blob/94312/0b8bf636b124a2735ed0f46ed4e80bfe/me hrkindfamilien-in-deutschland-data.pdf Stand der Seite 23.10.2019)

Sie ist bei Instagram unter »mylifewithsevenkids« zu finden und ihre Kinder sind zwischen zwei und zwanzig Jahren alt. Ich kenne sie inzwischen mehrere Jahre und sie beeindruckt mich durch ihre sehr positive Art und die Lebensfreude, die sie ausstrahlt und gerne an andere weitergibt.

Wie kann es sein, dass ich an manchen Tagen nicht mit drei Kindern zurechtkomme und mein Körper und meine Selbstfürsorge komplett hinten runterfallen und sie mit sieben kleinen Kindern sogar noch Zeit für Sport hat – und sogar mehr als das: Sie macht sogar gerade per Fernstudium ihre Trainerlizenz und hat in den letzten Jahren bereits fünf Zusatzausbildungen im Sport- und Ernährungsumfeld abgeschlossen.

Liebe Claudia, was denkst du, unterscheidet dich von einer Mama mit ein oder zwei Kindern?

»Ich empfinde mich im Vergleich zu Müttern mit weniger Kindern als viel gelassener. Mich bringt so schnell nichts aus der Ruhe, egal ob beim Essen ein Glas ausgeschüttet wird, das Kind beim Einkaufen bockt oder wenn es trubelig wird.

Ich versuche mich in die Situation der Kinder reinzuversetzen, wir reden sehr viel und ich respektiere grundsätzlich die Meinung der Kinder. Mein Mann sagt immer, ich sei vollkommen tiefenentspannt.«

Wonach setzt du deine Prioritäten? Hat sich das verändert, je mehr Kinder du bekommen hast?

»Die oberste Priorität ist für mich, dass die Kinder sich frei entfalten können. Jeder darf und soll so sein, wie er ist. Ich liebe es, Zeit mit ihnen zu verbringen und sie individuell zu fördern. Wenn die Kinder mit schönen Plänen nach Hause kommen, darf der Haushalt warten, und wir unternehmen etwas zusammen. Wichtig ist mir auch meine gesunde Portion Egoismus. Die Zeit zum Sport oder zum Lernen nehme ich mir ganz bewusst, und ich habe auch kein schlechtes Gewissen dabei. Ich merke, dass ich so ausgeglichener und glücklicher bin, und davon profitieren auch die Kinder.«

Wie zufrieden bist du mit deinem Mama-Körper nach sieben Schwangerschaften?

»Natürlich ist er nicht mehr so, wie er früher war. So richtig unzufrieden bin ich aber nicht. Vor der Schwangerschaft mit meiner jüngsten Tochter war die Kinderplanung eigentlich abgeschlossen. Bis dahin hatte ich sechs Kinder und diese teilweise sehr lange gestillt. Ich kam so auf fast sechs Jahre Stillzeit. Da gab es Zeiten, in denen ich ernsthaft drüber nachgedacht habe, meine Brüste verschönern zu lassen. Durch das viele Stillen empfand ich meine Oberweite als nicht mehr schön. Zu der Zeit wäre ich einer Operation nicht abgeneigt gewesen.«

Warum kam es dann nicht zu der Operation?

»Tja, ehe ich weiter einen Entschluss fassen konnte, war ich wieder schwanger. Während der Schwangerschaft habe ich viel Sport gemacht, und gehofft, so weiterem »Schaden« vorbeugen zu können. Dann tauchten die Komplikationen in der Schwangerschaft auf, und die Ärzte gaben der Kleinen nur eine minimale Chance überhaupt lebend zur Welt zu kommen. Diese Wochen der Angst, in Verbindung mit unzähligen Arztbesuchen hat mich sehr verändert. Plötzlich zählten andere Dinge viel mehr, und ich kämpfte darum, dass unser Baby es schafft. Mein Körper trat in den Hintergrund.«

Wie ging es dann nach der Geburt weiter?

Ich habe mich durch diese Erfahrung sehr verändert und war heilfroh, dass unsere Kleine letztendlich gesund zur Welt kam. Ich habe später wieder Sport gemacht, aber mit mehr Leichtigkeit. Durch die Angst um meine Tochter wurde plötzlich Druck von mir genommen. So habe ich meine Jüngste dann ein Jahr gestillt, und bin nun zwar immer noch nicht der Meinung, dass meine Brüste wunderschön sind, aber ich kann gut mit ihnen leben.«

Sport ist aber nach wie vor ein sehr wichtiger Teil deines Lebens, oder?

»Ja, ich habe inzwischen eine Ausbildung in Bodega Reflow gemacht und eine weitere begonnen für Schwangere und zur Rückbildung. Das ist eine extrem interessante Erfahrung für mich. Denn erst jetzt, wo ich die Ausbildung mache, merke ich den wohl größten Unterschied an meinem Körper im Vergleich zu vor den Kindern.
Nach den Geburten war ich immer schnell schlank und fit. Ich habe nun aber festgestellt, dass besonders die Bauchmuskulatur stark gelitten hat. Das hatte ich nie richtig bemerkt. Daran habe ich nun intensiv gearbeitet und meine ganze Körperhaltung hat sich positiv verändert. Schlank sein ist keine Garantie für Fitness.«

Claudia bestätigt in dem Interview genau meine Wahrnehmung, dass wir Mütter uns unbedingt ernst nehmen müssen und das auch nicht mit der Kinderzahl zusammenhängt. Nein, je mehr Stress wir haben, desto ernster müssen wir unsere Selbstfürsorge nehmen. Die Kinder stehen hier sicherlich an der ersten Stelle und es gibt natürlich Verpflichtungen, die wir nicht sein lassen können. Trotz knapper Ressourcen möchte Claudia nicht nur etwas tun, sondern sie packt auch Dinge an. Sie weiß ihre Ressourcen einzuschätzen. Von ihr können wir uns eine dicke Scheibe abschneiden. Im Übrigen plant sie, in absehbarer Zukunft im Kreis Soest (NRW) ein Yoga-Fitness-Studio nur für Frauen zu eröffnen, das genau auf die unterschiedlichen Bedürfnisse und Lebensphasen von Frauen zugeschnitten ist.

Wir müssen jetzt nicht gleich alle eine Ausbildung machen oder Marathon laufen. Es reicht, wenn wir daheim aktiv Zeit in uns selbst investieren – Ernährung, Sport, Meditation, ein Tagebuch. Der Phantasie sind keine Grenzen gesetzt. Es geht einfach darum, etwas zu finden, das uns gut tut.

Das Umdenken und Neu-Priorisieren ist für eine Mutter mit vielen Kindern so wichtig wie für Mamas mit ein oder zwei Kindern: Was können wir komplett streichen oder unregelmäßiger machen und dafür Sport, Selbstliebe und unserer eigenen Weiterentwicklung mehr Raum geben?

»Wer will, findet Wege. Wer nicht will, findet Gründe« sollte uns an dieser Stelle ein treuer Begleiter sein.

ES TRITT DAS EIN,
WOMIT MAN SICH UMGIBT.

»Fröhliche Menschen sind nicht bloß glückliche Menschen,
sondern in der Regel auch gute Menschen.«
- Karl Julius Weber

Es gab Zeiten in meinem Mama-Dasein, da war ich für jeden sozialen Kontakt dankbar. Ich bin zu allen möglichen Mama-Baby-Kursen gerannt und habe mich mit jeder Mama, mit der ich zwei Sätze gesprochen hatte, auf einen Kaffee verabredet. Nach einer Zeit fand ich diese Kontakte aber irgendwie anstrengend und ich konnte zuerst gar nicht nachvollziehen, warum das so war.

Es dauerte lange und fiel mir erst rückblickend auf, worin der Grund dafür lag. Viele dieser Mamas waren unzufrieden mit sich selbst oder auch mit der Entwicklung ihrer Kinder. Und ich spreche hier nicht von einzelnen Tagen, sondern generell von einer negativen Lebenseinstellung. Je mehr Zeit ich mit diesen Müttern verbrachte, umso mehr wurde ich wie sie.

Ich grübelte ständig: Wann kann mein Kind endlich krabbeln? Schläft es für sein Alter gut genug? Habe ich genug abgenommen nach der letzten Geburt und passe ich schon wieder in meine alten Hosen? Solche Fragen bestimmten teilweise meinen Alltag, weil ich mich anstecken ließ von diesem allgegenwärtigen Mama-Umfeld.

Erst beim zweiten Kind wurde ich entspannter und ging nur noch zu einem Kurs – und auf den hatte ich auch große Lust.

Es war nicht mehr dieser Zwang, dazugehören zu wollen. Dort lernte ich wieder viele nette Mütter kennen. Ich traf mich aber wirklich nur mit denen, bei denen die Sympathie absolut stimmte. Es waren durchweg sehr positive Mamas, die mich mit ihrer guten Laune und Gelassenheit ansteckten. Das tat mir selbst wiederum unheimlich gut und ich konnte diese positive Energie in meinem Umfeld weitergeben. So ein schöner Kreislauf!

Ja, wir möchten uns an unser Umfeld anpasse. Es liegt in unserer Natur, dass wir es spiegeln und unbewusst übernehmen. Sind wir von perfekten Müttern umgeben, die Größe XXS tragen und in einem Bilderbuch-Haus wohnen, möchten wir mithalten, um uns wohlzufühlen. Verbringen wir die Zeit ausschließlich mit deprimierten Menschen, die immer schwarzmalen, färbt auch das auf uns über und wir gewöhnen uns daran, diesen Filter zu übernehmen und alles durch deren Brille zu sehen.

Wir können unsere wahren Potenziale und unser echtes Wesen vor allem dann entfalten, wenn wir uns mit einem Umfeld umgeben, in dem wir uns gegenseitig unterstützen und pushen. Das hat sogar einen wissenschaftlichen Grund.

Denn in unserem Gehirn gibt es die so genannten Spiegelneuronen, die jedes Verhalten um uns herum spiegeln und in uns passende Empfindungen hervorrufen. Sie senden auch schon dann Signale, wenn wir jemanden nur beobachten. Daher gähnen wir also, wenn unser Gegenüber auch gähnt und wenn wir etwas sehen oder hören, entstehen bei uns realistische Gefühle, als ob wir es auch miterleben würden. Das nennt man »emotionale Empathie« und erklärt, warum uns ein positiv eingestellter Mensch automatisch mit seiner lebensfrohen Art ansteckt und mitreißt und ein Mensch, der ständig schimpft oder immer nur jammert, unangenehme Gefühle in uns hervorruft.

Es hat also definitiv einen sehr großen Einfluss auf uns, mit welchen Menschen, welcher Literatur und welchem Umfeld wir uns umgeben. Je zufriedener die Menschen in unserer Umgebung sind, desto glücklicher sind wir ganz automatisch. Ohne dass wir etwas dafür tun müssen. Ist das nicht ein wunderbares Geschenk?

Wenn ich an mir zweifle und selbst keine Strategie oder Idee habe, wie ich aus meinem Loch kommen könnte, suche ich mir also eine inspirierende Person in meinem Umfeld und generell Nähe zu den Menschen, die mir guttun und an mich glauben.

Gerade wenn mir selbst der Antrieb fehlt, bin ich am liebsten mit Müttern zusammen, die mit ihrem Körper zufrieden sind – auch und gerade, wenn er nicht perfekt ist - und die nicht ständig nur einen Salat ohne Dressing bestellen, weil der ja 300 Kalorien zu viel hat.

Das kann im wahren Leben sein oder ich habe solche Frauen auch im Internet kennengelernt, in Foren oder Mamagruppen. Denn gerade als Mutter ist es natürlich nicht so leicht möglich, immer wieder neue Kontakte zu knüpfen, weil wir oft einen sehr durchgetakteten Tag haben.

Ich folge bei Facebook und Instagram genau diesen normalen, positiven Profilen statt denen, die mir eine perfekte heile Welt vorspielen. Ich abonniere Hashtags wie #this_is_postpartum, #mehrrealitätaufinstagram und eben nicht #happyinstafamily und schaffe mir so mein eigenes positives Umfeld.

Natürlich könnt ihr auch ein Buch lesen oder einen Podcast anhören, wie man seine positive Einstellung stärken oder sich weiterentwickeln könnte – denn unsere Spiegelneuronen werden dafür sorgen, dass uns diese Geschichten positiv inspirieren. Gute Arbeit leisten auch Musik, die schöne Erinnerungen in uns wecken, oder eine Nachricht an Freunde, die man mag, und mit denen man schon tolle Momente erlebt hat.

Was macht ihr nun also im nächsten Tief, wenn eure Laune schlecht ist, ihr euren Körper nicht mögt und überhaupt alles doof ist? Genau, ihr macht euch eure Spiegelneuronen zugute und kitzelt sie bewusst mit den richtigen Impulsen. Das wäre doch gelacht, wenn wir diese chemischen Prozesse in unserem Körper nicht für uns nutzen können, oder?

⭐ **SIEH DAS GUTE:**
Unser Umfeld beeinflusst uns
weitreichender als wir denken.
Erfolg und auch die Einstellungen
anderer färben auf dich ab:
Überlege weise, mit wem du
deine Zeit verbringen möchtest.
Mach dir deine Spiegelneuronen zunutze
und schenke dir selbst positiven Input,
wenn du ihn dringend benötigst.
Folge nur den Profilen und Seiten,
die dich positiv inspirieren.
Alles andere kann weg.

WER WÜRDE DICH PERFEKT MÖGEN?

»Es steht schlimm um einen Menschen,
an dem man nicht einen einzigen sympathischen Fehler
entdecken kann.« - **Benjamin Disraeli**

Anders gefragt: Gibt es tatsächlich Menschen, die euch ohne Schwangerschaftsstreifen, mit etwas strafferen Brüsten, einem intakten Beckenboden und dem schmäleren Becken mehr lieben würden? Wenn ja: Wie gut tut dir dieser Mensch? Wie wichtig ist er dir? Oder bist vielleicht sogar du der einzige Mensch, der diese Bedingungen stellt und der einzige, der dich weniger liebt??

Es tut immer gut, die Perspektive zu wechseln. Stellt euch banale Fragen, die in Wahrheit alles andere als banal sind:

- Wer trifft sich weniger gern mit dir, weil du fünf Kilogramm zugenommen hast?
- Wer geht weniger gern mit dir ins Freibad, weil er deine Schwangerschaftsstreifen nicht mag?
- Wer interessiert sich nicht mehr für dich, weil deine Figur anders aussieht als vor den Kindern?
- Wem bist du in der Öffentlichkeit peinlich?

Ich hoffe und denke, es werden nicht so viele Menschen in eurem Umfeld sein, denen diese Oberflächlichkeiten wichtig sind.

Falls euch die ein oder andere Person in den Sinn gekommen ist, nehmt euch auf jeden Fall ausreichend Zeit für eine Reflexion und werdet euch bewusst, warum dieser Mensch Raum einnimmt in eurem Leben, wenn äußere Werte mehr zählen als innere.

Ich habe mir abgewöhnt, allen gefallen zu wollen. Entweder jemand mag mich oder er lässt es sein. Es ist eine Tatsache, dass nicht jeder jeden mögen wird. Da spielt es letztendlich auch keine Rolle, ob wir perfekt aussehen oder uns vorbildlich benehmen.

Deshalb versucht es gar nicht erst, euch zu verbiegen, um es jedem Recht zu machen.

> ⭐ **DENKE UM:**
> Stelle dir die Fragen,
> die dich in deinem Leben wirklich
> voranbringen und nutze die Antworten,
> um weiterzukommen.
> Wenn es jemanden gibt, dem du wegen deines
> Aussehens peinlich bist,
> kann er kein Herzensmensch sein.
> Herzensmenschen lieben ohne Bedingungen.

WIR MAMAS VERLERNEN SCHNELL, ETWAS FÜR UNS SELBST ZU TUN

»Genieße den Augenblick,
denn der Augenblick ist dein Leben.« - **Unbekannt**

Sind wir doch mal ehrlich. Sobald wir Kinder haben, bekommen wir es nicht mehr hin, uns komplett auf uns selbst zu konzentrieren.

Aber ab und zu fallen Ostern und Weihnachten quasi auf einen Tag und wir haben zwei Stunden ganz alleine und bummeln gemütlich durch die Fußgängerzone. Das schreit nach einem Stadtbummel. Ganz alleine, in Ruhe und ohne nörgelnde Kinder. Wo landen wir, sobald wir in der Fußgängerzone sind? Klar wie Kloßbrühe, in einer Kinderabteilung. Egal, ob im Buchladen oder im Kaufhaus. »Ach ja, nur mal kurz gucken, ganz in Ruhe«, denken wir uns dann. Jaja, von wegen nur kurz schauen. Wir können gar nicht anders.

Die Natur hat uns offenbar so umgepolt in unserem kleinen süßen Mamagehirn, dass wir das genau so möchten. Sicherlich liegt es daran, dass sich in unserem Mamaleben viel verändert hat. Warum sollen wir schicke, neue Oberteile und Hosen kaufen, wenn sie genau wie die alten Billigteile am Ende vollgespuckt werden? Für welchen Anlass brauchen wir überhaupt neue Klamotten? – Für den jährlichen Elternabend wohl kaum und die Gelegenheiten, es als Mama ordentlich krachen zu lassen, sind rar. Okay, Gelegenheiten gibt es vielleicht noch. Aber wer hat Lust, für ein paar Stunden Party noch weniger zu schlafen als sowieso schon – denn den fehlenden Schlaf kann man nicht einmal am nächsten Tag gemütlich auf der Couch dösend nachholen. Nein, irgendwie macht das Shoppen für uns einfach weniger Sinn als vor den Kindern.

Zum Lesen fehlt oft die Zeit, neue Schuhe sind für den Spielplatz zu schade und den Drogeriemarkt haben wir gefühlt dutzende Male leergekauft. Kein Wunder verlernen wir Mütter, etwas für uns zu tun. Wofür denn auch? Es interessiert sowieso keinen, was wir tragen und unsere Hobbies sind auch mehr als überschaubar.

Wir haben es also nicht wirklich verlernt, etwas für uns zu tun. Es scheint sich nur irgendwie nicht mehr zu lohnen. Genau darum geht es.

Wir haben uns von so vielen Dingen und Gewohnheiten verabschiedet, die früher unser Leben bestimmten, dass es fast schon verrückt ist. Wir haben aber gleichzeitig auch die Erkenntnis gewonnen, dass Kinder trotz dieses Wahnsinns das Beste sind, was uns passieren kann und die Tage durch sie viel fröhlicher und bunter geworden sind. Die Stille und Langeweile sind kaum zu ertragen für uns, wenn sie zufällig alle parallel aus dem Haus sind.

Wir kennen also diese Tatsache, dass sich unser Fokus verändert. Genau das müssen wir hier auch machen: Die Sichtweise verändern. Denn es geht nicht darum, dass wir es verlernt haben. Es geht darum, dass wir denken, dass es sich nicht mehr lohnt.

Denn manchmal finden wir Mamas etwas, was uns wirklich erfüllt und zack, stellen wir die alten Shoppingskills wieder unter Beweis – zum Beispiel, wenn es um das Thema Nähen geht: Wir kaufen Stoffe über Stoffe, dazu Bündchen, Knöpfe und anderen Schnickschnack, der ganze Kommoden füllt und nähen abends Teile für die Kinder oder für uns selbst. Wir erschaffen etwas, unabhängig von unserem Mama-Job, was uns stolz macht.

Oder wir entdecken unser Händchen für Deko wieder und ab sofort ist kein Laden mehr vor uns sicher, der auch nur irgendwie nach Inneneinrichtung schreit.

Und was verbindet diese Interessen? Ganz einfach: Diese Mütter sehen den Sinn in der Sache, das Zeug zu kaufen. Weil es nämlich gebraucht wird. So ist das auch viel nachhaltiger anstatt einfach drauflos zu shoppen. Ihr solltet euch also nicht zwingen, die Lust am Kleider-Kaufen wiederzuentdecken.

Fragt euch eher, worin ihr Sinn seht, Geld für euch selbst auszugeben. Wollt ihr die Zeit und das Geld lieber in Wellness investieren? Oder regelmäßig zur Massage oder ins Nagelstudio gehen? Vielleicht braucht ihr keine neuen Glitzertops mehr, aber es gibt sicherlich viele andere Dinge, die euer Herz höherschlagen lassen.

Dabei geht es natürlich nicht nur darum, Geld auszugeben. Nein, für unseren Planeten ist weniger kaufen sowieso besser. Vielleicht setzt ihr euch eher zwei Stunden in einen Park oder eine Bäckerei und genießt es, dass ihr nicht alle zwei Minuten aufspringen müsst. Oder ihr legt euch daheim ins Bett und schaut nachmittags einen Film an. Und die Badewanne ist auch dankbar, wenn sie tagsüber ausnahmsweise etwas Zuwendung bekommt – es gibt kein Gesetz, das Baden nur abends erlaubt.

Seid mutig und denkt um. Denn wir haben nicht wirklich verlernt, etwas für uns zu tun. Wir sind einfach nur besser darin geworden, keine nutzlosen Dinge zu tun und müssen erst wieder herausfinden, was uns wichtig ist.

Hört auf euer Bauchgefühl, es wird euch verraten, wie ihr die zwei Stunden am wertvollsten verbringen könnt.

★ **SO IST DAS:**
Du hast nicht verlernt,
etwas für dich selbst zu tun.
Du bist jetzt einfach eine andere Person
als vor den Kindern mit anderen Interessen
und Schwerpunkten.
Schreib dir eine Liste mit fünf Dingen,
die du tun würdest, wenn du zwei Stunden
kinderfrei hast.
Somit hast du direkt gute Ideen parat,
wenn die glückliche Zeit eintreten wird.

NICHT ALLES AUF EINMAL ANGEHEN

»Auch gut gemeinter Ehrgeiz wird irgendwann gefährlich.«
- Karl Talnop

Kennt ihr diesen plötzlichen Tatendrang, dass man alles heute, sofort und ganz schnell erledigen möchte? Wie ein Nestbautrieb, aber ohne Schwangerschaft.

Ich habe das phasenweise immer wieder und dann habe ich die komischsten Ideen: Ich nehme mir vor, jetzt sofort alle Zimmer auszumisten und den Keller endlich ordentlich aufzuräumen. Außerdem werde ich das Projekt Bikinifigur nun aber wirklich angehen und ernsthaft Sport treiben und verstärkt auf mein Essen achten.

Meine Energie in allen Ehren. Aber in diesen Momenten ist mir selbst nicht klar, dass ich mich mit so vielen großen Projekten auf einmal maßlos überfordere. Früher, damals, vor den Kindern hätte es vielleicht tatsächlich geklappt, dass ich so viele Baustellen parallel eröffne.

Aber wir Mamas laufen heutzutage meistens so sehr am Limit, dass mehrere Großprojekte einfach nicht drin sind. Das ist so.

Wir haben weder den zeitlichen noch den mentalen Puffer für mehrere solcher XXL-Aufgaben. Ich musste es mir deshalb abgewöhnen, dass ich solche Ideen parallel angehen möchte.

Ein Projekt - wie zum Beispiel ein großer Hausputz oder mehr Sport für die eigene Fitness – ist dagegen eine gute Idee.

Ich habe mich hier einmal mit sehr wenig Ruhm bekleckert. Von meinem Mann hatte ich einen 3-Monats-Kurs für Mama-Fitness geschenkt bekommen. Dazu konnte man online Videos anschauen und alle Trainingseinheiten daheim ausführen. Ich hatte ihn ewig nicht eingelöst, weil mir immer irgendein Grund einfiel, warum es gerade nicht passte, mit dem Personal Training anzufangen.

Als ich dann wieder in Teilzeit in meinem Job anfing, ging es irgendwie durch mit mir und ich begann parallel auch, dieses Buch zu schreiben. Zusammen mit dem Haushalt und den drei kleinen Kindern war das eine große Aufgabe. Allerdings fiel mir genau zu dieser Zeit ein, dass ich nun ja aber auch unbedingt etwas für mich tun muss. Als Ausgleich quasi und es schien mir der optimale Zeitpunkt zu sein, dieses teure Programm freischalten zu lassen.

An dieser Stelle hört ihr mich laut lachen! Ihr habt es sicherlich schon verstanden, aber ich musste erst diesen Fehler machen, um es zu verstehen: Sich in ein großes, neues Online-Programm einzuarbeiten, das einen durch die zeitliche Begrenzung von drei Monaten ohnehin unter Druck setzt, war genau das Falsche.

Bei meinem stressigen Pensum hätte mir zu dieser Zeit ein Spaziergang gutgetan, vielleicht auch kleines Lauftraining draußen oder ein Besuch in der Sauna oder eine halbe Stunde auf der Couch liegen und stupide irgendeinen privaten Sender schauen. Me-Time, ja, gern – aber im richtigen Rahmen.

Aber nein, es musste für mich noch ein Großprojekt sein und natürlich konnte ich mich die ersten Wochen nicht aufraffen, auch nur ein einziges der Videos anzuschauen. Danach wurde ich krank und das Programm lief unbenutzt weiter. Der Zeitpunkt war einfach komplett falsch und ich hatte es überhaupt nicht kapiert.

Deshalb, macht nicht diesen Fehler wie ich: Wenn ihr sowieso am Limit lauft, ballert euch nicht mit einem riesigen Ziel zu. Sortiert statt dem ganzen Haus vielleicht nur einen Küchenschrank. Statt der Mitgliedschaft im Studio dürfen es auch kostenlose YouTube-Videos oder eine Trainings-DVD sein.

Habt auch den Mut für Pausen. Nehmt euch die Zeit, euch rauszunehmen und den Akku wieder aufzuladen statt immer mehr von euch zu fordern und viel zu viele Projekte auf einmal umzusetzen.

Diese Balance hilft dir letztendlich, dass du in dir ruhst und dich lieber magst als wenn ein halbherziges Projekt nach dem anderen scheitert.

.

☆ **DAS HILFT DIR:**
Denke klein – das macht dich letztendlich groß.
In stressigen Zeiten müssen alle Dinge warten,
die nicht dringend sind.
Mach einen Spaziergang im Wald
und denke dabei darüber nach,
was dein dringlichstes Projekt ist.
Das geht auch mit Kindern!
Bring lieber eine Sache stolz zu Ende
als bei fünf anderen gleichzeitig zu scheitern

SICH ÜBER EIGENE PRIORITÄTEN KLAR WERDEN

»Prioritäten zu setzen und die Zeit gut zu nutzen, kann man nicht in Harvard lernen. Viele der Fähigkeiten, auf die es im Leben ankommt, muss man sich selber beibringen.« - **Lee Iacocca**

Bezugnehmend auf mein letztes Kapitel ist es für uns deshalb umso wichtiger, dass wir all unsere Aufgaben priorisieren und diese Prioritäten auch regelmäßig überdenken. Es gibt verschiedene Kategorien:

1 | MUSS (NO OTHER CHANCE):

Diese Sachen müssen sein. Zum Beispiel der Job, um die Miete zu sichern. Die Einkäufe, um den Kühlschrank zu füllen und der Hausputz, um nicht im Dreck zu versinken. Aber stopp: Müssen denn all diese Dinge wirklich genau so sein? Vielleicht ist das der Zeitpunkt für einen anderen Job oder sogar der Schritt in die Selbstständigkeit? Vielleicht gibt es die Möglichkeit, die Arbeitsstunden oder Tage neu zu verteilen und so Entlastung zu schaffen? Vielleicht kann der Wocheneinkauf vom Mann übernommen oder er kann sogar geliefert werden? Und vielleicht sollten die Kinder einfach auch einmal das Badezimmer putzen oder die Spülmaschine ausräumen. Rechnet einfach einmal die Zeit gegen, die ihr geschenkt bekommt durch solch kleine Verlagerungen der Aufgaben, die bisher immer eine Selbstverständlichkeit waren.

2 | Kann (MAYBE ONE DAY):

Es gibt so viele Sachen, die auf unserer sogenannten Bucket List stehen. Dinge, die wir irgendwann einmal machen möchten. Eben dann, wenn wir die Zeit dafür haben. Ich versichere euch, dass für die meisten Dinge genau jetzt die richtige Zeit ist. Wenn ihr wirklich wollt, schafft ihr es auch. Zeit für Sport ist zum Beispiel immer da, nicht nur zwischen 8 und 20 Uhr. Auch davor oder danach ginge es, wenn man denn unbedingt möchte. Und es geht auch, wenn die Kinder zuhause sind. Ebenso geht eine Fernreise mit kleinen Kindern durchaus, wenn man unbedingt nach Asien will. Ich schreibe auch Bücher mit drei kleinen Kindern, trotz Haushalt und meinem Teilzeitjob. Dafür sitze ich oft abends von 21 bis 23 Uhr am Rechner. Weil ich es unbedingt möchte und ich für meine Bücher brenne.

3 | Machen (NOW IS THE TIME):

Dann gibt es natürlich noch die Dinge, die wir nur machen, weil wir es möchten. Das sind vor allem die schönen Dinge, keine Zwänge. Sondern einfach all jene kleinen Streicheleinheiten, die uns guttun. Einen Fernsehabend mit den Kindern, eine Shoppingtour alleine, lange ausschlafen dürfen, auf der Couch rumgammeln, wenn gerade zufällig alle nicht zuhause sind oder hübsche Blumen für den Esstisch kaufen. Diese Kategorie sollte immer gut gefüllt sein. Wenn es euch schwerfällt, dass ihr hier überhaupt Dinge einordnen könnt, arbeitet unbedingt daran, dass hier viele tolle Sachen einziehen.

Später im Buch werde ich euch noch Möglichkeiten aufzählen, die ihr ohne viel Aufwand umsetzen könnt, um etwas für euch selbst zu tun.

Ansonsten schreibt am besten immer gleich auf, was ihr unbedingt mal wieder tun wollt, wenn es euch einfällt (ich nutze dafür eine Notizen-App am Handy), damit ihr es bei nächster Gelegenheit umsetzen könnt.

⭐ **FRAGE DICH:**
Was muss wirklich sein?
Welche Punkte meiner Bucket List sollte ich jetzt schon angehen?
Welche Dinge tun mir gut? Diese solltest du immer hoch priorisieren.

EINE UNBEQUEME FRAGE:
WIE ALT WERDE ICH WOHL?

»Der Tod lächelt uns alle an, das Einzige, was man machen kann, ist zurücklächeln!« - *Marcus Aurelius*

Diese Frage verdrängen viele von uns im Alltag. Es macht einfach keinen Spaß, sich mit dem Thema Tod zu beschäftigen. Das tut weh, ist surreal. Wir möchten das lieber verdrängen. Mir geht das auch so. Klar. Aber nur weil ich etwas verdränge, heißt es nicht, dass es nicht stattfindet. Nur weil ich keinen Gedanken daran verschwende und es mir im Moment damit scheinbar besser geht, heißt es nicht, dass es kein Ende gibt. Werden wir 80 Jahre alt? Oder sind wir wohl die, die mit 100 Jahren noch über diesen Planeten wandeln? Oder gehören wir leider zu denen, die nicht einmal 60 Jahre Geburtstagskerzen auspusten dürfen? Wir wissen es nicht. Du nicht, ich nicht. Fakt ist, dass jeden Tag junge Menschen - Mütter, Cousinen und enge Freunde von irgendjemandem - tödlich verunglücken.

Menschen, die morgens aus dem Haus gehen und abends nicht mehr zurückkommen dürfen. Die viele Pläne hatten für die nächsten Tage. Vielleicht einen Urlaub gebucht. Abends ein Date mit einer Freundin im Kino. Die sich selbständig machen wollten oder von einem Eigenheim träumten. Die sich vielleicht kurz vorher ganz schlimm über irgendwelche Kleinigkeiten aufgeregt haben. Und hätten sie gewusst, dass es ihre letzten Tage sind, hätten sie diese komplett anders gestaltet.

Sicher denkt ihr jetzt beim Lesen, ob das wirklich sein

muss, dass ich das alles so genau ausformuliere. Tief in diese Wunde hineinbohre und somit einen Schmerz auslöse, den ihr lieber verdrängen möchtet.

Ja, ich finde, es muss sein. Es muss sein, weil es unglaublich dankbar macht für das riesige Geschenk namens Leben. Die Endlichkeit macht uns bewusst, wie wertvoll jeder Tag voller Gesundheit ist. Jeder Tag, an dem wir da sein dürfen. Die Gedanken sind nicht schön, aber letztendlich schenken sie uns so viel mehr als dass sie uns nehmen.

Sie schenken uns den richtigen Fokus auf eine bewusste Lebensfreude, Dankbarkeit, Achtsamkeit und Zufriedenheit. Sie rücken wieder gerade, was wichtig ist und was nicht. Sie lassen uns erkennen, worüber man tatsächlich grübeln und mit wem man seine Zeit verbringen sollte. Würden wir denn anders leben, wenn wir wüssten, dass wir in 2 oder 4 Wochen sterben? Wenn wir die Diagnose einer schlimmen Krankheit bekommen?

Ja. Ich bin sicher, dass wir alle unsere Tage anders gestalten würden und so manche Narbe und die breite Hüfte plötzlich nebensächlich wären.

Ja, das Bewusstsein, dass unser Leben endlich ist, macht traurig. Gleichzeitig bietet es uns aber die riesige Chance auf langfristige Zufriedenheit, wenn uns diese Zerbrechlichkeit bewusst ist.

Daher ist es in meinen Augen sogar extrem wichtig, dass wir uns diese Tatsache regelmäßig vor Augen halten. So können wir im Alltag wieder die richtigen Prioritäten setzen und allen unnötigen Ärger an uns abprallen lassen.

⭐ **LASS DIESE GEDANKEN ZU:**
Unser Körper leistet unheimlich viel.
Aber irgendwann wird der Tag kommen,
an dem er nicht mehr so viel Kraft
und Energie hat wie heute.
Das Bewusstsein der Endlichkeit hilft,
das Leben positiver zu nehmen.
Auch hier gilt:
Wir sitzen alle im selben Boot.
Hab keine Angst, sondern hüpf auf die
Sonnenseite des Lebens.

DER FAKTOR ZEIT

»*Gewöhnliche Menschen überlegen nur, wie sie ihre Zeit verbringen. Ein intelligenter Mensch versucht, sie auszunutzen.*«
— *Arthur Schopenhauer*

Ja, das Leben ist endlich. Diesen wunden Punkt habe ich nun genug ausgereizt, keine Angst. Aber letztendlich ist es, wie ich schon schrieb: Was wir nicht ändern können, müssen wir annehmen.

Ich möchte nun noch einmal auf den Faktor mit der Zeit eingehen. Allerdings nicht auf das gesamte Leben betrachtet, sondern auf die einzelnen Stunden heruntergebrochen, die ihr an einem Tag zur Verfügung habt.

Wie viele Momente verbringt ihr damit, euch über euren Körper zu ärgern? Oder damit, nach der besten Cellulite-Creme zu suchen und den Methoden, wie ihr sie wegbekommen könnt? Wie viel Zeit wendet ihr dafür auf, an euch zu zweifeln, Makel zu betrachten und euch zu ärgern, dass ihr nicht perfekt seid?

Stellt euch einfach vor, ihr nehmt all diese Minuten und nutzt sie für schöne Dinge. Ihr könntet lesen, einen Weiterbildungskurs absolvieren. Eine Meditation. Schokolade essen. Eine Freundin anrufen. Auf der Couch liegen und entspannen.

Stellt euch einfach vor, ich schenke euch jetzt genau diese Zeit und ihr verbringt sie mit Dingen, die euch gut tun und Spaß machen.

Wäre das nicht DAS Geschenk des Jahres?

Leider kann ich euch das natürlich nicht schenken. Aber die gute Nachricht ist: Ihr könnt das selbst. Ihr braucht dafür keine Erlaubnis von außen, ihr müsst dafür nicht zehn

Kilogramm abnehmen oder etwas kaufen.

Bei den nächsten Selbstzweifeln oder wenn ihr recherchiert, wie ihr euch selbst optimieren könnt, stellt euch einfach diese Frage: Wie viel besser wäre es, wenn ich diesen Moment mit positivem Inhalt fülle? Mit Inhalt, der mich voranbringt und der mir gut tut.

Mehr möchte ich nicht von euch. Diese eine Frage. Jedes Mal, wenn ihr an euch zweifelt und Zeit investiert, die sich um eure Makel im Kreis drehen. Denn am Ende sind es nicht nur zehn Minuten. Es sind vielleicht dreimal zehn Minuten pro Woche, also in Summe 30 Minuten. Pro Monat 120 Minuten, also zwei Stunden. Pro Jahr komme ich da auf 1440 Minuten, also auf lange 24 Stunden. Das ist ein ganzer Tag. Viel Zeit. Die kostbare Zeit eures Lebens. Wollt ihr wirklich einen Tag pro Jahr dafür investieren, an euch zu zweifeln?

Stellt euch künftig bitte diese eine Frage, wenn ihr euch kritisch beäugt und Produkte googelt, die euch optimieren sollen:

Wäre es nicht besser, wenn ich diese Zeit mit etwas Positivem fülle?

 NUTZE GEDANKEN WEISE:
Zieh die Notbremse,
wenn du dich selbst kritisierst.
Fülle deine Gedanken statt
mit Selbstzweifeln mit schönen Dingen.
Jeder negative Gedanke über dich
ist einer zu viel.

VON PROBLEMEN,
DIE KEINE PROBLEME SIND

*»Probleme sind nichts anderes als Weckrufe für
Kreativität.«* – **Gerhard Gschwandtner**

Einer meiner schlechtesten Tage der letzten Wochen fing
eigentlich am Vorabend an. Ständig fielen mir neue Sachen
ein, die ich am kommenden Tag dringend erledigen musste. Die Liste wurde von Minute zu Minute länger, während
ich mich schlaflos im Bett wälzte: Da waren diese zwei
dringenden Überweisungen, die überfällig waren.

Ich musste für den Laternenumzug backen (warum
konnte ich es einfach nicht einmal lassen, mich in diese Liste einzutragen?). Endlich die letzten Urlaubstaschen ausräumen, die seit Tagen im Flur standen und alle nervten.
Das Wohnzimmer und die Küche aufräumen. Zudem den
Esstisch, der wie von Zauberhand immer vollgestellt war.
Wäsche waschen, der Wäschekorb war eben schon überge-
quollen. Saugen. Und ich durfte auf keinen Fall vergessen,
dass der Große zur ersten Stunde Schule hat und ich ihn
rechtzeitig wecke.

Ich wollte eigentlich nur schlafen, aber mein Kopf arbeitete und arbeitete. Je länger ich so dalag, umso mehr so
alberne Sachen fielen mir ein. Bis ich endlich einschlief.
Ihr könnt euch denken, wie die Nacht war: Schlecht. Ich
schreckte immer wieder aus dem Schlaf hoch und fand
nicht wirklich zur Ruhe.

Am kommenden Morgen war ich schon vor dem Wecker wach und mein Stress-Schloss, das ich mir am Abend
vorher gebaut hatte, wuchs fleißig weiter. Hach, super, die
Wäsche mache ich direkt an, während ich die Kinder um-

ziehe. Dabei packe ich zumindest eine halbe Urlaubstasche aus. Wenn die Kinder aus dem Haus sind, gehe ich einkaufen, danach backe ich und wenn die Muffins im Ofen sind, erledige ich den Papierkram. Mein Hamsterrad lief um 6.15 Uhr morgens schon auf Hochtouren. Hätte mich jemand beobachtet, wie ich um diese Uhrzeit hektisch durchs Haus renne, mit hochroten Wangen und gestresst – er hätte mich für verrückt erklärt. Mein Stress hielt tatsächlich bis mittags an. Dann hatte ich alle Sachen erledigt, für die ich bis abends Zeit gehabt hätte. Natürlich ohne Ruhe, dafür mit Druck auf den Schultern und einem Stress-Knoten im Bauch. Ich konnte es auch gar nicht richtig genießen, als ich fertig war, weil ich mich unglaublich erschlagen fühlte.

Ich hatte an diesem Tag ein unglaublich schlechtes Zeit-Management und zudem keinen Blick für Prioritäten und die Sachen, die wirklich wichtig sind. Denn ganz ehrlich: Urlaubstaschen, die schon ein paar Tage im Weg stehen, stehen da auch noch zwei Tage genauso gut. Und die Waschmaschine kann man auch mittags oder abends starten. Oder das wäre ja verrückt: Es ginge sogar noch einen Tag später. Dafür brauche ich mich um 6 Uhr morgens nicht zu stressen und schon gar nicht wachliegen am Abend vorher. Ich hätte an diesem Abend jemanden gebraucht, der mir genau das erzählt und mir aufzeigt, dass die anderen Dinge innerhalb einer Stunde erledigt sind.

Es gibt viele Studien zum Thema, dass Stress hausgemacht ist. Beispielsweise die TK-Stressstudie »Entspann dich, Deutschland«[18] von der Techniker Krankenkasse. Auf

18 Hier findet ihr die komplette Studie aus dem Jahr 2016: https://www.tk.de/resource/blob/2026630/9154e4c71766c410dc859916aa798217/tk-stressstudie-2016-data.pdf, Stand der Seite 23.10.2019

über 50 Seiten findet man hier viele tolle Tipps, wie man Stressfallen vermeiden kann.

Wir brauchen aber nicht eine entspanntere Haltung, sondern vor allem gute Ideen und Kniffe, wie wir unser Zeitmanagement optimieren können.

Daher kommen hier meine Arbeitshilfen gegen selbstgemachten Aufräum- und Haushaltsstress, die ich mir in den letzten Jahren angeeignet habe:

»Speed Clean« -Aufräumen

Einige kennen diese Aufräum-Methode vielleicht aus meinem ersten Buch, sie ist ein wahres Zaubermittel und ich habe mich gefreut, wie viele begeisterte Zuschriften ich dazu bekam. Ihr arbeitet dafür mit einer Stoppuhr und bestimmt eine Zeit, zum Beispiel pro Zimmer 3 Minuten oder für die Wohnung 20 Minuten (die Zeiten passt ihr natürlich euren Bedürfnissen an). Was ihr in einem Zimmer zusammensammelt und woanders hingehört, kommt in eine große Tasche und wird erst am Ende aufgeräumt, damit ihr keine unnötigen Wege zurücklegt. Unter dem Stichwort »Speed Clean« findet ihr im Internet weitere Anleitungen dazu.

Gedanken aufschreiben

Ich muss Gedanken, die wirr in meinem Kopf herumschwirren, »abgeben« , damit ich zur Ruhe komme. Sprich aufschreiben. Das ist für mich ein sehr wichtiger Faktor, den ich an diesem Abend schlicht und einfach vergessen habe. Es geht mir auch so, wenn ich Ideen für Bücher habe oder wenn ich mit jemandem ein unschönes Thema besprechen muss und ich mir dazu Gedanken mache. Ich komme nur schwer zur Ruhe, wenn solche Themen, die mich gedanklich einnehmen, in mir drin bleiben. Durch den Prozess des Aufschreibens gebe ich sie nach außen ab und finde zur Ruhe.

Das können To-do-Listen sein, ganz altmodisch auf einem Zettel oder natürlich modern in einer der vielen Apps, die dafür entwickelt wurden. Das können aber auch nur lose Gedankenfetzen sein, die ich dafür aufschreibe.

Hilfreich ist für mich auch, wenn ich bei den Aufgaben, die am nächsten Tag anstehen, eine Zeitangabe dazuschreibe. Also in etwa: zwei Überweisungen erledigen (fünf Minuten), Wäsche sortieren und eine Waschmaschine starten (fünf Minuten), Muffins backen und Küche aufräumen (20 Minuten), andere Zimmer aufräumen und Taschen ausräumen (30 Minuten), Obst kaufen (30 Minuten).

So sehe ich, dass ich mit einem großzügigen Puffer insgesamt zwei Stunden für diese Aufgaben brauche. An einem Tag, an dem ich nicht zur Arbeit muss und die Kinder vormittags ein paar Stunden in Kindergarten und Schule sind und an dem ich um sechs Uhr aufstehe. Das sieht machbar aus, warum sollte mich das in Stress versetzen?

So habe ich ein sicheres Gerüst, das mir den Halt gibt, der mir durch meine wirren Gedankengänge verloren gegangen ist. Ich habe alles visualisiert, Zeitmanagement betrieben und schon fühlt es sich gar nicht mehr so schlimm an.

Prioritäten setzen

Die Priorisierung erledige ich oft, wenn ich mehrere Aufgaben aufschreibe. Denn es gibt immer Dinge, die nicht aufgeschoben werden können (backen für den Martinsumzug) und welche, die auch ein, zwei Tage warten können (Koffer auspacken). Auch das hilft, die Last auf den Schultern leichter zu machen. Denn im Kopf drin fühlt sich alles gleich drückend und belastend an. Wenn ihr den To-Dos aber unterschiedliche Gewichtung gebt beim Aufschreiben, schlägt sich das deutlich auf euer Empfinden nieder und der Druck lässt nach.

Entspannung miteinplanen

Es gibt diese buddhistische Weisheit »Wenn Du in Eile bist, mach einen Umweg« . Ist das nicht ein wunderschöner Spruch? Er ist eine kleine Affirmation für mich und ich sage ihn mir immer, wenn ich merke, dass ich unter Strom stehe. Und versuche dann noch viel mehr auf mich zu achten und meinem Körper eine Pause zu geben. Es kann sein, dass ich einfach morgens bewusst einen Kaffee trinke oder beim Einkauf bewusst und eingeplant kurz in die Kosmetikabteilung abwandere oder mich mittags zehn Minuten auf die Couch setze, bevor die Kinder nach Hause kommen oder abgeholt werden müssen. Neuerdings meditiere ich auch mit einer kostenlosen App für drei bis fünf Minuten. Wenn ihr das nächste Mal merkt, dass euer Hamsterrad fast umfällt, weil ihr so schnell darin rennt, denkt daran, eine Pause zu machen.

Die Macht der Musik

Musik beruhigt, Musik entspannt, Musik tut gut. Das gilt vor allem fürs selbst singen. Ich singe schlecht und schief und mag es trotzdem. Aber ich stelle natürlich sicher, dass es keiner hört. Ich will ja nicht wegen Körperverletzung verklagt werden. Es ist nachweislich so, dass Menschen nicht gestresst sein können, während sie singen. Singen ist heilsam und baut Stresshormone ab. Also traut euch, schlechter als bei mir kann es nicht sein.

Handy weglegen

Zum Schluss noch ein Punkt, den ich vielleicht eher mir als euch ans Herz legen sollte: die Zeit am Handy. Ich merke bei mir, dass mein kleiner Alleskönner noch mehr Unruhe reinbringt, wenn ich sowieso schon auf 180 laufe. Das ungeschriebene Karma-Gesetz will es, dass ich an so einem Tag ausschließlich Mails bekomme, die mich noch mehr aufregen. Oder ich gedankenlos auf irgendwelchen Portalen vorbeisurfe, mich an sinnlosen Beiträgen festlese und das Handy nach 15 Minuten maximal entnervt zur Seite lege. Danach fühle ich mich noch viel gestresster, weil ich dort Zeit vertrödelt habe.

Nein, das Handy ist wirklich keine gute Idee, wenn sich der Kopf schon (zu) voll anfühlt. Ab in die Ecke mit ihm und es darf erst wieder rauskommen, wenn sich der Sturm gelegt hat. Für den Anfang ist es eine gute Regel, dass das Handy nicht mit ins Schlafzimmer oder auf die Toilette kommt. Im Alltag lasst ihr es nicht neben euch liegen, sondern legt es in ein wenig benutztes Zimmer und dort am besten in eine Schublade.

⭐**METHODEN GEGEN STRESS:**
»Speed Clean« -Aufräumen
Gedanken aufschreiben
Prioritäten setzen
Erst recht etwas zur Entspannung einplanen
Laut singen
Die Zeit am Handy reduzieren

ICH SAGE ES EHRLICH:
ES GIBT AUCH DIESE TAGE...

»Auch ein schlechter Tag hat nur 24 Stunden.« – **Miriam Fuz**

Aber klar, manchmal helfen auch alle Listen und Tipps nicht. Dann ist der Tag einfach blöd und helfen kann nur, dass er zu Ende geht. An diesen Tagen stört mich meine faltige Haut am Bauch, die Kinder sind unglaublich anstrengend (oder bin etwa ich diejenige, die anstrengend ist?) und es flattert natürlich auch noch eine teure Rechnung ins Haus. Ich halte es da wie die Stars: The show must go on. Hilft ja nichts, irgendwie muss ich diesen Tag einfach überstehen. Und abends habe ich hoffentlich keinen Termin und lege mich mit einem Glas Rotwein in die Wanne oder wenn ich Glück habe, ist mein Mann sogar aus der Schusslinie und ich kann mir eine romantische Schnulze anschauen, dabei in mich hinein schluchzen und ein kleines Stück oder besser gleich die ganze Tafel Schokolade essen.

Wir müssen uns nicht jeden Tag richtig gut fühlen und wir dürfen auch mit den Tagen zufrieden sein, an denen wir vielleicht nicht wie sonst 120 Prozent gegeben haben, sondern nur 50 Prozent. Denn ganz wichtig: Deshalb haben wir nicht versagt oder sind ein schlechterer Mensch als gestern. Das nennt man Balance und macht das Leben aus.

Das ist bei unseren Jobs – also die, für die wir bezahlt werden - nicht anders. Mal läuft es überdurchschnittlich gut, mal ganz okay und dann gibt es auch diese Tage, an denen einfach gar nichts funktioniert. So ist das auch mit unserem Körper. Wir können uns nicht jeden Tag bombastisch fühlen, das schafft kein Mensch.

Aber wir können unsere Einstellung zu diesem doofen

Tag ändern. Denn wenn wir erst einmal akzeptieren, dass es diese Tage gibt, brauchen wir keine Energie mehr darauf verschwenden, dass wir uns besser fühlen möchten. Das ist für mich wirklich beruhigend und fühlt sich an, wie eine leichte Umarmung. Dass ich mich schlecht fühlen darf und mich auch nicht besser fühlen muss. Es gibt mir Trost, dass dieses Gefühl okay ist.

Es ist einfach wie bei euren Kindern. Mal lobt ihr sie abends in den Himmel und mal schickt ihr Dankgebete hoch, wenn sie endlich schlafen. Dennoch liebt ihr sie immer gleich und solche Tage ändern auch nichts daran.

Seid euch auch hier eine Mutter. Erlaubt euch schlechte Tage und tröstet euch selbst, denn es kommen wieder bessere Zeiten. Seid nicht allzu streng mit euch und verschwendet keine Gedanken an falsche Kämpfe, dass ihr euch besser fühlen müsst. Dann geht's gleich wieder besser, wirklich.

☆ **VERGESST NICHT:**
An manchen Tagen
dürfen wir uns schlecht fühlen.
Es muss an diesem Tag
auch gar nicht besser werden.
Hätschelt und verwöhnt euch einfach
und lasst die Zeit für euch arbeiten.

SELBSTLIEBE IST RESPEKT
VOR UNSEREM KÖRPER

Wir alle tragen die Spuren unseres Lebens an unserem Körper. Das sind Tigerstreifen, Krampfadern, Narben von Unfällen oder Operationen. Es sind aber auch Falten, schlaffe Hautpartien und das ein oder andere Zipperlein. Diese ereilen uns durch große Ereignisse wie Schwangerschaften oder einfach lautlos, indem wir älter werden.

Neulich sprach ich mit meinem Mann darüber, dass wir morgens inzwischen öfter aufwachen und es zwickt an Stellen, an denen früher alles in bester Ordnung war. Da fühlt sich plötzlich der Ellenbogen komisch an, weil man nachts mit einem angewinkelten Arm geschlafen hat oder der Rücken schmerzt, weil die Schlafposition ungünstig war. Ich nehme inzwischen auch immer mein eigenes Kissen mit in den Urlaub, weil ich anders nicht mehr gut schlafen kann. Ich sage mal so: Mit 20 habe ich bei so manchen Partys auf einer Eckbank aus Holz übernachtet und bin morgens mit weniger Schmerzen aufgewacht. Oder wenn ich sehe, in welchen Positionen die Kinder im Auto schlafen – da bekomme ich schon vom Hinschauen Schmerzen.

Es ist nun mal, wie es ist: Wir werden jeden Tag ein Stück älter. Wir schulden es unserem Körper aber, dass wir uns nicht mit allen Spuren einfach so abfinden, sondern dass wir den Prozess hinterfragen. Dass wir ihn unterstützen, mit all den Veränderungen zurechtzukommen. Denn was ist tatsächlich unveränderbar und sollten wir besser annehmen? Und was fühlt sich vielleicht nur so an, als ob es keine Alternative gibt – in Wirklichkeit können wir aber auf jeden Fall positive Veränderungen erreichen.

Zum einen helfen uns unsere innere Haltung und Einstellung, dass wir von innen heraus strahlen und Zornesfalten aktiv entgegenwirken.

Zum anderen sollten wir unseren Körper gut behandeln, um ihn in Schuss zu halten. Ich meine damit nicht, dass wir jeden Tag stundenlang Sport machen, aufwändig grüne Smoothies zubereiten oder das Müsli selbst schroten müssen. Nein, es geht einfacher, in kleinen Schritten und ohne viel Aufwand. Denn schon kleine Schritte werden euer Körpergefühl nachhaltig verändern.

WAS WIR UNSEREM KÖRPER GUTES TUN KÖNNEN

Alles, was ich auf den folgenden Seiten für euch aufgeschrieben habe, lebe ich auch selbst. Sicher an manchen Tagen pflichtbewusster und ausgeprägter als an anderen. Ich bin auch nur ein Mensch und keine Maschine. Daher habe ich natürlich auch Durchhänger oder schlechte Phasen. Aber da ich meine Grundsätze kenne und sie mir wichtig sind, fällt es mir meistens leicht, wieder in meinen gesunden Lebensstil zurückzufinden.

Bei allen Punkten ist mir wichtig, dass alle Vorschläge in ein Leben mit Kindern passen. Meine drei Jungs sind noch klein – zwei im Kindergarten und einer in der Grundschule. Das bedeutet, sie sind viel bei mir und meine Zeit für mich alleine ist stark begrenzt.

Die folgenden Vorschläge sind gerade dann etwas für euch, wenn ihr nie Zeit für euch oder große Veränderungen habt. Es geht darum, ob ihr es möchtet. Wenn ihr diese Frage mit einem Ja beantworten könnt, sind alle Vorschläge für euch geeignet – auch wenn euch ständig kleine Kinder am Bein hängen und ihr euch an den meisten Tagen wie ein »Mombie« (halb Mensch, halb Zombie) fühlt.

SPORT IN IRGENDEINER FORM SOLLTE FESTER BESTANDTEIL EINES JEDEN SEIN

Dann beginnen wir doch direkt mit einem Basic, das uns allen natürlich längst bewusst ist.

Wir schulden unserem Körper, dass wir ihn fit halten und die Verantwortung für die Wartung übernehmen. Damit meine ich nicht, dass wir drei- oder viermal die Woche zum Sport hetzen müssen oder wir der Fitness generell die oberste Priorität geben. Nein, es geht einfach darum, dass wir unsere Muskeln regelmäßig nutzen, sie stärken und dadurch langfristig Schmerzen und Belastungsschäden vorbeugen. Es heißt nicht umsonst »Wer rastet, der rostet« . Wer sich nicht bewegt und die Muskeln durchblutet und stärkt, braucht sich später nicht wundern, wenn er einen Bandscheibenvorfall bekommt oder mit 50 Jahren keine 10.000 Schritte täglich machen kann.

Außerdem führt unsere ungesunde Haltung im Alltag langfristig zu Schäden, wenn wir uns nicht durch Übungen oder Ausdauertraining durchlockern.

Ich kenne das zu gut: Als ich den Jüngsten ständig durch die Gegend geschleppt habe, bin ich irgendwann beim Physiotherapeuten gelandet. Ich habe mich komplett schief gefühlt, weil der kleine Mann immer auf meiner Hüfte saß und meine Anatomie sich total verschoben hatte. Dadurch hatte ich täglich Kopf- und Nackenschmerzen. Die Termine beim Physiotherapeuten halfen mir zumindest etwas. In den Griff habe ich die chronischen Kopfschmerzen erst bekommen, als ich regelmäßig mit Übungen angefangen habe. Ich habe mich dann täglich gedehnt und gestreckt und leichte Rückenübungen gemacht. Das dauerte nur ein paar Minuten, hat mir aber langfristig die Schmerzen genommen.

Aber klar, ihr kennt dieses Phänomen auch: Sobald es einem besser geht, lässt man solche Übungen schleifen. Ist bei mir nicht anders! Leider.

Daher gehe ich zumindest einmal die Woche ins Yoga, das verhilft mir zu mehr Kraft und Dehnen ist dort ein sehr großer Bestandteil. Da es ein Kurs ist, für den ich bezahle, und zudem noch mit einer Freundin hingehe, fällt mir das Aufraffen leichter.

Darüber hinaus versuche ich ein zweites Mal Sport zu machen. Ich nutze dafür entweder eine kurze Fitness-DVD von 25 Minuten oder gehe eine Runde Walken oder Joggen.

Wir wissen das alle, aber je öfter wir es gesagt bekommen, desto eher bleibt es hängen: Regelmäßiger, moderater Sport tut uns wirklich gut. Er entgiftet unseren Körper, weil die Organe besser arbeiten. Muskelverspannungen lösen sich wie von selbst, der Sport stärkt unser Herz und sorgt für einen guten Kreislauf. Nicht zuletzt setzt er auch

Glückshormone frei, deshalb fühlen wir uns danach auch immer so toll. Diese Glückshormone geben uns ein gutes Körpergefühl, was unserem Mama-Körper wiederum zugute kommt. Ein toller Kreislauf, wir müssen ihn nur in Gang setzen.

Dreimal die Woche zehn Minuten ist besser als nichts. Fangt lieber mit wenig Zeit an, bevor ihr gar nichts macht. Und diese zehn Minuten hat wirklich jede von uns. Die können wir uns auch nehmen, wenn die Kinder im Raum sind. Es gibt so viele Apps und Videos kostenlos im Internet. Man muss nur etwas finden, das zu einem passt und kann dann ohne viel Aufwand etwas machen.

Bitte merkt euch: Wer jetzt keine Zeit für die Gesundheit hat, muss sie sich später für die Krankheit nehmen.

Umdenken und neue Routine suchen ist wie immer eine sehr gute Sache. Auch mein Mann und ich haben unsere Sportroutine angepasst nachdem wir Eltern wurden.

Am Wochenende, wenn meine bessere Hälfte zuhause ist, versuchen wir uns gegenseitig zu motivieren und zu unterstützen: Wir teilen morgens direkt ein, wer mit dem Sport beginnt und derjenige darf auch direkt losjoggen. Der andere Partner bleibt mit den Kindern zuhause und zieht auch sofort seine Sportkleider an. Wenn der Erste von uns sein Sportprogramm absolviert hat, darf direkt im fliegenden Wechsel der Zweite los ohne zu warten, bis der Erste sich abgekühlt oder geduscht hat. Für die Kinder ist das vollkommen normal, dass ein Wochenendtag so beginnt bei uns. Für uns Erwachsene ist es perfekt, weil wir uns gegenseitig motivieren und der Schweinehund leichter zum Weinen in den Keller geschickt werden kann.

Vielleicht denkt ihr jetzt »Ich habe aber wirklich keine Zeit, sonst würde ich auch regelmäßig Sport machen.« Ich sage euch: Keiner von uns hat die Zeit. Jeder muss sie sich nehmen und wir nehmen sie uns nur, wenn Sport eine hohe Priorität hat für uns. Jeder findet hier und da mal eine Lücke von 10, 20 Minuten, die er mit Sport füllen könnte.

Es ist total verrückt, aber Sport kann man nicht erst ab acht Uhr morgens machen und nicht nur bis 20 Uhr abends. Es geht auch früher oder später Die Frage ist nur: Willst du wirklich? Denn wenn es wichtig ist, wird man eine Lücke finden.

Letzten Endes ist die Rechnung einfach: Wer nicht will, findet Gründe. Wer will, findet Wege.

ESSEN UND TRINKEN ALS WEITERE ELEMENTARE SÄULE FÜR DAS WOHLBEFINDEN

Natürlich können wir unseren Körper auch unterstützen, indem wir ihn nicht nur ernähren, sondern tatsächlich »nähren« . Das heißt, wir versorgen ihn mit guten Nährstoffen und trinken ausreichend.

Wie viel Wasser trinkt ihr zum Beispiel? Ausreichend trinken ist so unglaublich wichtig – es beugt zum Beispiel Kopfschmerzen, Wirbelschäden und Hautalterung vor.

Ich war bis vor Kurzem eine ziemlich schlechte Wassertrinkerin. Da ich weiß, dass ich mir mit zu wenig Flüssigkeit Migräne, Pickel und Verdauungsprobleme einfange, musste ich handeln. Früher habe ich mit Müh und Not 0.5 bis 1 Liter am Tag geschafft, inzwischen bin ich etwa bei 1.8 – 2 Liter, was ausreichend ist für mich.

Diese Tricks helfen mir, genug zu trinken:
- Ich trinke morgens direkt nach dem Aufstehen noch

im Badezimmer ein Glas lauwarmes Wasser. Das ist nicht nur für meinen Wasserhaushalt gut, sondern auch für Magen und Darm, weil alle Giftstoffe der Nacht ausgespült werden.

- Ich trinke abends vorm ins Bett gehen im Badezimmer ein Glas lauwarmes Wasser, um meinen Körper für die Nacht vorzubereiten.
- Allein durch diese beiden kleinen Veränderungen trinke ich jeden Tag fast einen halben Liter Wasser mehr. Ohne Aufwand, einfach durch meine Routine.
- Ich schenke mir ein großes Glas Wasser ein, das ich neben mich stelle. So trinke ich automatisch. Steht nichts da, fehlt mir auch nichts.
- Kaffee trinke ich maximal drei Tassen am Tag und zähle sie nicht zu meiner Flüssigkeitsstatistik.
- Ich trinke viel mit Strohhalmen. Fragt mich nicht, was in meiner Genetik schiefgelaufen ist. Aber ich kann besser größere Mengen trinken, wenn ich einen Strohhalm nehme. Mit Strohhalm schaffe ich einen halben Liter auf Ex, sonst nur ein kleines Gläschen von 0.2 Litern.
- Ich trinke lieber warmes als kaltes Wasser, mein Körper kann das besser aufnehmen. Kaltes bekomme ich kaum den Hals runter.
- Ich trinke möglichst pures Wasser, damit der Körper die wenige Flüssigkeit, die ich ihm gebe, die er nicht noch filtern und aufbereiten muss, sondern direkt verwenden kann. Wir verwenden ja schließlich auch Wasser, um unsere Wäsche zu waschen. Warum denken wir dann, dass wir unseren Körper mit Saft oder Milch reinigen können? Da würde auch kein Mensch auf die Idee kommen, ab sofort Milch

zu verwenden. Über den besseren Geschmack können wir natürlich diskutieren, aber über die Vorteile klaren Wassers nicht. Wir können unserem Körper nichts Besseres geben.

- Es gibt auch Trink-Apps, die jede Stunde einmal gluckern und ans Trinken erinnern und ich selbst erinnere in meiner Instagram-Story mehrmals täglich.

Ausreichend Flüssigkeit entgiftet unsere Organe, Abfallstoffe werden ausgeschwemmt, der Darm ist in Bewegung, das Gehirn denkt besser, die Haut wird besser, weil die Giftstoffe ausgeschwemmt werden, Kopfschmerzen und andere chronische Krankheiten werden reduziert. Es gibt also keinen Grund, nicht ausreichend Wasser zu trinken. Es gibt dagegen viel mehr Gründe, dass wir es verstehen und an uns arbeiten. Letztendlich bringt das nur euch selbst und eurem Körper etwas – aber ihr seid auch die einzigen, die es umsetzen können. Bei mir klappt es inzwischen besser, es hat mich zwar einige Arbeit gekostet (ja, für mich ist trinken Arbeit!), aber ich merke, dass es für meinen Körper wichtig ist.

So, nun folgt der Schwung zum Thema Ernährung.

Es gibt viele tolle Bücher zu dem Thema und ich verrate euch an dieser Stelle einfach meine Richtlinien, damit ich meinen Körper reinige und ihm helfe, im Gleichgewicht zu bleiben. Denn letztendlich schlägt sich das auch auf unser Wohlbefinden, unsere Ausstrahlung und auch auf unseren Körper nieder. Durch die Ernährung können wir das Hautbild beeinflussen, den Abtransport von Giftstoffen und auch einen Blähbauch können wir durch richtige

Ernährung eindämmen. Das ist gerade für mich wichtig, da es meinen Bauch ja immer so unglaublich rausdrückt, wenn ich viel gegessen habe oder etwas, das mich bläht.

Ich halte es wie der Autor Bas Kat in seinem Ernährungsratgeber »Der Ernährungskompass« schreibt: Ich esse möglichst wenig, was industriell hergestellt wurde und verwende lieber frische Zutaten.

Maggi und Co habe ich schon vor vielen Jahren aus meinem Speiseplan verbannt. Ab und zu gibt es natürlich Ausnahmen und gerne auch mal ein Schlemmerfilet oder eine Tiefkühlpizza. Aber in der Regel koche ich frisch und ohne künstliche Zusätze. Zudem verzichte ich an vielen Wochen im Jahr montags bis freitags auf Gezuckertes (egal, ob Industriezucker oder Ahornsirup) und auf industrielle Süßigkeiten.

Ich bin im Alltag nicht päpstlicher als der Papst und wenn in einer Tomatensauce etwas Zucker drin ist, ist das in Ordnung für mich. Aber ich würde in diesen Wochen keine Schokolade oder Kuchen essen und natürlich auch keinen Löffel Zucker pur in den Espresso geben.

Vielleicht fragt ihr euch jetzt, was das mit dem Körper nach der Schwangerschaft zu tun hat? Und ich kann euch sagen: unglaublich viel. Denn seit ich mich so sehr um meinen Körper kümmere und ihm ausreichend Wasser und ordentliche Nahrung gebe, halte ich mein Gewicht recht stabil. Gerade da ich in mancher Hinsicht das Gefühl habe, dass ich machtlos bin und den Körper nicht verändern kann, tut mir das doppelt gut.

Denn hey, ich kann meinen Beckenboden nicht flott zaubern, meinen Bauch muskulöser oder die Krampfadern wegtrinken. Aber ich kann jeden Tag durch meine Routinen dafür sorgen, dass mein Körper gut versorgt ist und er alles hat, was er braucht. Dass er nach dieser extremen Belastung durch die drei Schwangerschaften in vier Jahren mit einer extremen Gewichtszu- und abnahme alles von mir bekommt, was er verdient hat. Dass ich ihn wertschätze, ihn pflege, ein Team mit ihm bin. Denn meine Seele und mein Körper wohnen nun mal zusammen. Das wird sich in diesem Leben auch nicht mehr ändern. Da ist es doch das Mindeste, dass wir gute Freunde sind. Und für gute Freunde will man nur das Beste, oder etwa nicht?

ES IST AUCH EINE FRAGE DER HALTUNG

Beobachtet euch einmal selbst, wenn ihr entspannt steht. Steht ihr gerade? Wie sind eure Schultern? Hochgezogen, angespannt, schief? Ich habe durch meine Beckenbodenprobleme begonnen, meine Haltung genau zu analysieren. Ich dachte eigentlich, ich habe eine gute Haltung. Aber das war leider nicht der Fall. Ich stehe wirklich nur selten gerade. Ich lehne mich in den meisten Situationen an Schränke, Waschbecken, Regale, Wände an. Ich bin echt vor mir selbst erschrocken, da ich eine ganz andere Wahrnehmung von mir hatte.

Aber warum ist es eigentlich so wichtig, dass man eine ordentliche Haltung einnimmt?

Es gibt mehrere richtig gute Gründe:

Eric Peper, ein Professor für Gesundheitsbildung von der amerikanischen »San Fransisco State University« fand durch eine Studie[19]heraus, dass hängende Schultern und eine schlechte Körperhaltung zu großer Müdigkeit, einer

19 Nähere Informationen zu der Studie unter http://news.sfsu.edu/research-posture-yields-insight-treating-depression, Stand der Seite 23.10.2019

schlechteren Stimmung und sogar einer Depression führen können. Es sei viel schwieriger, seine schlechte Laune zu behalten, wenn man eine gerade Körperhaltung habe. Ist das nicht faszinierend? So ein kleiner Lebenshack und so eine große Verbesserung der Lebensqualität. Das ist doch eigentlich bombastisch. Es kostet euch nicht einmal etwas außer etwas Selbst-Beobachtung. Seit ich das gelesen habe, habe ich heimlich Menschen in verschiedenen Stimmungen beobachtet und Detektiv Fuz konnte diese Studie tatsächlich im Alltag verifizieren: Menschen, die mir schlecht gelaunt und traurig begegneten, standen immer mit hängenden Schultern und leicht nach vorne gebeugt. Dagegen standen Power-Menschen, die Stärke, Zufriedenheit und Positivität ausstrahlten, immer aufrecht und gerade, mit gestrafften Schultern. Eric Peper empfiehlt, dass wir uns regelmäßig sportlich betätigen, um unser Energieniveau dadurch höher zu halten und so unsere Lebensqualität langfristig verbessern. Somit schließt sich der Kreis zu den Glückshormonen, die dabei freigesetzt werden und uns auch dazu verhelfen, dass wir uns besser fühlen.

Außerdem habe ich bezüglich der Haltung eine weitere gute Nachricht: Es ist so, dass man um einige Kilogramm schlanker wirkt, wenn man gerade steht. Schon allein dadurch fällt mir das gar nicht mehr so schwer mit der guten Haltung. Bauchspeck weg auf Knopfdruck quasi. Es ist auch logisch, denn durch den geraden Rücken und die gestrafften Schultern hängt der Bauch nicht durch wölbt sich weniger nach außen. Gerade für mich nach drei Schwangerschaften ist das wirklich ein super Trick. Denn die gedehnte Haut lässt meinen Bauch immer unvorteilhaft nach vorne gleiten und ich sehe schnell schwanger aus. Auch dem beuge ich mit einer besseren Haltung vor.

Es macht optisch einen enormen Unterschied, wie ihr steht – testet vor dem Spiegel einmal beide Haltungen. Sicher erkennt ihr auf den ersten Blick, wann ihr aktiver, positiver, stärker und weniger schwanger erscheint.

Des Weiteren habe ich es schon kurz angeschnitten: Auch für den Beckenboden ist es wichtig, dass ihr optimal steht und euch nicht ständig an Schränke und Wände anlehnt oder eure bequeme Haltung einfach total schief ist. So beeinflusst ihr eure Körpermitte positiv und sorgt dafür, dass alle Haltebänder und Muskeln in idealer Spannung und Position bleiben.

Darüber hinaus profitiert ihr auch im Alter davon, denn eine ordentliche Haltung mindert nachweislich Probleme wie Kopf – und Rückenschmerzen oder Nackenverspannungen.

Ich weiß, dass ihr jetzt denkt: Ach ja, ist doch ein alter Hut, das weiß doch eigentlich jeder. Ja, das ist mir klar. Eigentlich wissen wir es alle! Aber uneigentlich sind wir alle so sehr mit Yoga, Pausen im Alltag, Entspannungsapps und grünen Smoothies beschäftigt, dass wir die wirklich wichtigen Basics gerne mal vergessen. Dazu gehört eben eine ordentliche Haltung – und natürlich Wasser trinken, wisst ihr ja schon.

DIE BERÜHMTE AUSNAHME: GÖNNT EUCH ETWAS

Ich selbst bin ein sehr großer Fan von Ausnahmen an einzelnen Tagen. Mir hilft es, langfristig stabil in meinem gesunden System zu laufen. Es ist wirklich einfacher für mich, wenn ich mir ab und zu ohne schlechtes Gewissen etwas gönne.

Ich koche sechsmal die Woche gesund, aber dann dürfen es am siebten Tag auch Pommes mit Ketchup und Mayo sein. Es gibt dann nicht einmal Gurkenschnitze dazu

Ich trinke viel Wasser und achte darauf, meine Mindestmenge immer zu schaffen. Aber wenn ich an einem einzelnen Tag Lust auf Fanta oder Spezi oder Saft habe, trinke ich genau das. Mit Genuss und ohne schlechtes Gewissen.

Wenn ich zuckerfrei esse und ich bin bei einem Geburtstag und da gibt es den leckersten Kuchen schlechthin, greife ich auch zu. Ich esse keine drei Stücke, aber ein Stück als Ausnahme darf sein. Warum auch nicht? Ich bin nicht allergisch, mache das alles aus freien Stücken und ich finde dieses Gefühl »Gönn es Dir!« einfach himmlisch. Es tut unglaublich gut und schmeckt wie die beste Belohnung, die es nur geben kann.

Deshalb plädiere ich an dieser Stelle dafür, dass ihr auf jeden Fall einen Cheatday oder eine Cheat-Mahlzeit einlegt, an denen ihr euch selbst verwöhnt und euch dafür belohnt, dass ihr an all den anderen Tagen immer so reflektiert und nachhaltig mit eurem Körper umgeht.

DAS PERFEKTE SELFIE
– WIR SIND ALLE FOTOGEN

*»Schönheit beginnt in dem Moment, in dem du beschließt, du selbst zu sein.« - **Coco Chanel.***

Ich beende dieses wichtige Kapitel mit ein paar einfachen

Tricks und Tipps, wie ihr ein schönes Foto von euch bekommt. Denn eine positive Wahrnehmung von uns selbst verhilft uns auch zu mehr Selbstliebe. So könnt ihr eine wunderbare, positive Verbindung zwischen eurer Wahrnehmung von euch und eurem Körper schaffen. Es geht nicht unbedingt darum, diese Fotos zu posten und Likes zu sammeln. Wir dürfen sie einfach ganz im Stillen aufbewahren mit dem Gefühl: Hey, ich sehe tatsächlich ganz gut aus.

Es ist oft eine Frage der Übung, wie wir uns auf Fotos zeigen und ob wir uns darauf mögen. Vielleicht kennt die ein oder andere bereits meine Fotos bei Instagram und Facebook. Dort setze ich mich natürlich so in Szene, dass mein kleiner Schwabbelbauch, meine runden Hüften und allgemein die Spuren der Zeit nicht so sehr zu sehen sind. Denn letztendlich bieten soziale Plattformen die Möglichkeit, sich selbst von seiner Schokoladenseite zu zeigen.

Profis investieren in die perfekte Aufnahme oft mehrere Stunden. Wir Mamas machen eher schnelle Schnappschüsse von uns.

Ich verrate daher meine Tipps, wie ihr euch auf Selfies vorteilhaft präsentiert und solche Fotos schießt, auf denen ihr euch mögt. Unser Selbstbewusstsein wächst daran, dass wir ästhetische Fotos von uns besitzen – das hat nicht einmal etwas mit der Präsentation nach außen zu tun, sondern es streichelt einfach die eigene Seele, wenn man ein Foto von sich sieht und denkt: »Ach ja, das ist doch ein netter Schnappschuss«.

Diese Punkte solltet ihr im Hinterkopf behalten, damit die Schnappschüsse schmeichelhaft ausfallen:

I. Das Licht

Die halbe Miete ist gutes Licht. Also richtig gutes Licht. Nicht umsonst knipsen Profiblogger ihre Fotos oft an ein- und derselben Stelle in der Wohnung – ganz offensichtlich ist das Licht hier am besten. Ich selbst habe in unserem Haus auch zwei, drei Stellen, an denen die Fotos besonders gut werden. Ich bevorzuge in jedem Fall immer natürliches Tageslicht vor Kunstlicht. Wenn das Licht schlecht ist, werden die Fotos einfach deutlich schlechter.

Vermeidet im Sommer Fotos in der prallen Sonne und auch auf halb-schattigen Plätzen, die von sonnigen Flecken durchzogen sind. Es ist viel besser, die Fotos direkt im Schatten zu knipsen.

II. Schräg von oben fotografieren

Ich habe mich früher meistens einfach frontal von vorne fotografiert. Das geht schnell und erscheint logisch. Die Fotos, die dabei rauskommen, haben nur leider meistens den Charme eines biometrischen Passbilds – bei mir entspricht das in etwa dem Modell »Alternde Frau mit Falten und Doppelkinn« . Fotografiert ihr euch dagegen schräg von oben, glättet das eure Gesichtszüge, streckt den Hals und lässt das Doppelkinn ganz ohne Zauberei verschwinden. Bamberger Forscher haben sich damit aus wissenschaftlicher Sicht beschäftigt und empfehlen, sich so von oben zu fotografieren, dass die linke Gesichtshälfte zur Kamera schaut, weil Frauen dann am attraktivsten wirken. Angeblich schummelt man 10 – 15 Kilogramm Körpergewicht weg, wenn wir uns von oben fotografieren. Klingt doch nicht schlecht, oder?

III. Der Hintergrund

Viele achten bei den Selfies nur darauf, ob sie selbst einen ordentlichen Eindruck machen auf dem Bild. Genau so wichtig für ein schönes Foto ist aber auch der Hintergrund. Sucht euch eine helle Wand oder einen Schrank aus statt das Küchenchaos zu zeigen oder deine gesamte Flaschen-Sammlung auf den Ablagen im Badezimmer. Zum einen lenkt so ein Hintergrund von euch ab und lässt das Bild schnell unruhig und hingeschludert wirken. Zum anderen darf das Chaos durchaus existieren, auf ästhetischen Fotos hat es aber nichts zu suchen.

Deshalb bleiben am Ende wahrscheinlich auch nur ein bis zwei perfekte Fotospots übrig in eurer Wohnung: Denn nur weil das Licht gut ist, heißt es nicht, dass hier Fotos gemacht werden können – etwa, weil der Hintergrund viel zu unruhig ist.

IV. Die Mimik

Ich habe kein spezielles Fotogesicht, einfach, weil ich kein Model bin. Posen üben ist nicht mein Ding. Aber dennoch ist es mir wichtig, auf meinen Fotos so rüberzukommen, wie ich bin – natürlich, positiv und offen. Daher mache ich eine Fotoeinstellung oft mit verschiedener Mimik. Mal lächle ich mit leicht geöffnetem Mund, mit geschlossenem, mal schaue ich etwas ernster, mal schaue ich nachdenklich. Danach schaue ich die Fotos kurz durch und wenn mir eine Mimik gut gefällt, aber das Foto passt noch nicht ganz, versuche ich diese Mimik bei den nächsten Bildern zu wiederholen. Ich versuche an schöne und lustige Dinge zu denken, das hilft mir sehr. Und ich bin gerne alleine, wenn ich mich fotografiere, ansonsten fühle ich mich zu beobachtet und das sieht man direkt. Schau am besten direkt in die Linse und nicht auf das Handydisplay. Manche schauen auch leicht am Handy vorbei. Testet, was euch eher liegt.

V. Filter

Die meisten Handys haben eingebaute Filter-Funktionen im Fotoordner. Das reicht für mich meistens aus. Ansonsten mag ich auch die Filter bei Instagram. Wenn ihr die Bilder dort bearbeitet und speichert, habt ihr sie auch auf dem Handy und somit die optimierte Version der Bilder griffbereit. Es ist allerdings so, dass die Qualität immer schlechter wird, je öfter ihr das Bild bearbeitet. Wenn ihr es in die sozialen Netzwerke hochladet, wird die Qualität nämlich automatisch heruntergerechnet. Ihr könnt stattdessen Fotobearbeitungs-Apps nutzen wie etwa die kostenlosen Versionen von Lightroom oder Picsart, die ich selbst auch im Einsatz habe.

Am besten ist: Habt keine Angst, diese Tricks einmal auszuprobieren und einfach herauszufinden, wie ihr euch auf den Fotos gefallt. So könnt ihr später mit 80 Jahren viele tolle Fotos zeigen und sagen: Schaut, so fesch war die Oma mal.

NUN SIND WIR SCHON
AM ENDE...

Es ist soweit und wir sind am Ende angekommen. In diesem Kapitel zeige ich euch die einzelnen Puzzlestücke unseres Schutzschildes auf einen Blick, gebe euch eine Parabel mit auf den Weg und ende mit einem Interview mit einer Physiotherapeutin und Rückbildungstrainerin. Sie hat mir die Fragen beantwortet, die mir zum Mama-Körper noch auf der Seele lagen.

DIESES SCHUTZSCHILD
IST GOLD WERT

Im vierten Kapitel haben wir verschiedene Puzzlestücke gesammelt, die in Summe unser Schutzschild bilden. Diese findet ihr hier knapp zusammengefasst als Top Ten, damit ihr euch immer daran erinnern und verinnerlichen könnt.

Schreibt die Punkte gerne ab und hängt sie zur täglichen Erinnerung an euren Badezimmerspiegel, nehmt sie als Lesezeichen oder legt sie euch auf den Nachttisch.

Unser Schutzschild auf einen Blick

1. Wir müssen den Mut haben, mit uns zufrieden zu sein und dürfen uns nicht in ein Schönheits-Ideal verrennen, das überhaupt nicht allgemeingültig existiert.
2. Selbstliebe ist kein Geschenk, sondern eine Gewohnheit.
3. Wir sind es uns schuldig, uns gut zu behandeln und liebevoll von uns zu denken.
4. Ein Problem, das in der Realität nicht wirklich wichtig, sondern nur ganz klein ist, darf auch in unserem Kopf keine große Gewichtung bekommen.
5. Wenn man damit rechnet, dass etwas Schlimmes eintrifft, passiert es oft gar nicht.
6. Jeder von uns ist in seinem Leben viele Male neidisch. Die Kunst besteht darin, produktiv mit diesem Gefühl umzugehen.
7. Zeige dich so wie du bist – mit deinen vermeintlichen Fehlern.
8. Umgib dich mit Menschen, die du toll findest und tanke bei ihnen positive Energie. Denk an die Spiegelneuronen.
9. Jeder negative Gedanke ist einer zu viel. Deine Zeit ist kostbar.
10. Behandle deinen Körper gut: Du wirst keinen anderen bekommen. Ihr seid Freunde, nicht Feinde.

Uns alle verbindet, dass wir denken, den anderen geht es besser. Aber auch sie kämpfen in ihrem Hamsterrad gegen das alltägliche Chaos an. Sie zweifeln, sie hadern und sie freuen sich, wenn wir ihnen nett und freundlich begegnen.

Durch eine positive Einstellung zu uns selbst werden nicht nur wir glücklicher, sondern machen diese Welt zu einem schöneren Planeten. Denn zufriedene Menschen schenken in ihrem Alltag viel mehr Liebe.

LETZTENDLICH KOMMT ES DARAUF AN

Letztendlich heißt das Zauberwort »Erfüllung« . Synonyme für dieses Wort sind Befriedigung, Behagen, Genugtuung, Wohlbehagen, Zufriedenheit.

Dieses wunderbare Wort sagt für mich so viel Wichtiges aus. Es bedeutet, dass ihr gefüllt seid und das hoffentlich mit positiven Dingen. Es heißt, dass ihr genau da seid, wo ihr sein möchtet und genau das tut, was ihr liebt. Es heißt, dass ihr in der Lage seid, euch von den Bereichen des Lebens abzukapseln, die euch nicht guttun – die euch ausbremsen und schaden. Erfüllung steht dafür, dass ihr in zehn Jahren zurückschaut und denkt: Oh ja, da war ich zufrieden. Das habe ich gerne gemacht und es hat irgendwie einfach gepasst.

Und dabei ist es egal, ob ihr eine Vollzeitmutter seid, ob ihr Teilzeit arbeitet oder vielleicht sogar Vollzeit, ob ihr hart an eurem Körper arbeitet, um ihn in die für euch perfekte Form zu bringen oder ob ihr es akzeptiert habt, dass euer Körper sich verändert hat.

Es geht nicht darum, was eure Freunde, die Medien, die Gesellschaft vorgeben und vielleicht vorleben. Es geht einzig und allein darum, dass es für euch passt.

Erfüllung findet ihr nur bei euch selbst. Wer mit sich und seinem Körper im Reinen ist, strahlt das auch aus – und genau das wünsche ich euch. Dass ihr von innen heraus leuchtet, zufrieden seid. Denn dann könnt ihr euch selbst genau so lieben, wir ihr es verdient habt – mit den weichen Bäuchen, den breiteren Hüften, Schwangerschaftsstreifen, Krampfadern und all den anderen Spuren, die unsere Lebensreise auf unserem Körper hinterlassen hat.

DIESE PARABEL WIRD EUCH IMMER MUT MACHEN

Zum Abschluss möchte ich euch ein Bild mit auf den Weg geben. Ein Bild, das auch mir geholfen hat, wenn ich an mir und meinem Körper gezweifelt habe. Ich denke gerne daran an den Tagen, an denen es mir schwerfällt, all die schönen Dinge um mich herum zu sehen und wertzuschätzen.

Es war einmal eine kleine Raupe, sie war zufrieden mit sich und der Welt. Sie kroch zufrieden durch den Garten, aß sich satt und genoss ihr faules Leben. Es war alles gut, genau so, wie es war. Eines Tages hatte sie aber dieses innere Bedürfnis, sich einen Kokon zu bauen und sich darin komplett einzuhüllen. Als der Kokon fertig war, schlief sie erschöpft ein. Nach einiger Zeit erwachte sie. Müde und träge, sie wusste nicht so recht, wo sie war und was geschehen war. Sie durchbrach den Kokon und merkte, dass sie sich verändert hatte. Im Inneren war sie noch die kleine Raupe, die ihr Leben gemocht hatte. Aber äußerlich waren ihr nun Flügel gewachsen und sie sah komplett anders aus. Sie konnte diese neue Hülle nicht leiden. Es war alles ganz anders und was sollten diese riesigen, unpraktischen Flügel?

Wie konnte es nur geschehen, dass sie in diesen neuen Körper hineinkatapultiert wurde? Sie saß erschöpft und müde auf einem Ast, zweifelte und trauerte. Doch nach einiger Zeit wurden die negativen Stimmen immer leiser. Sie bewegte zaghaft die Flügel hin und her und bemerkte, dass sie durch die Bewegungen abhob. Sie brauchte einige Zeit, bis sie fliegen lernte. Aber von da an genoss sie die Zeit als Schmetterling in den höchsten Zügen. Sie hatte Spaß an ihrem neuen Leben und all den neuen Erlebnissen und Eindrücken, die sie durch ihre Flügel nun sammeln konnte. Ihr Körper war nun zwar verändert. Aber die Flügel machten das eigentlich wieder wett.

Auch wir waren Raupen und wurden zu Schmetterlingen. Unsere Kinder sind unsere Flügel, die uns neue Welten eröffnen. Sie nehmen uns mit ihrem Kinderlachen und ihrem unvoreingenommenen Glück mit in eine Welt, die wir sonst nie hätten besuchen dürfen.

Die Flügel verändern uns und ja, sie machen uns in irgendeiner Form zu einem neuen Menschen. Aber nur mit Hilfe unserer Flügel dürfen wir die Welt in neuen Dimensionen entdecken.

WAS MÜTTER NOCH WISSEN MÖCHTEN: EINE RÜCKBILDUNGSEXPERTIN ANTWORTET

Maren Hellriegel (www.körperleben-bruchsal.de) ist Physiotherapeutin und CANTIENICA® -Rückbildungstrainerin. Sie leitet schon viele Jahre Kurse für Schwangere und zur Rückbildung in Bruchsal, Baden-Württemberg. Sie hat mir genau die Fragen beantwortet, die mir noch auf der Seele brannten.

Über welche körperlichen Veränderungen beklagen sich Mütter am häufigsten bei dir?

Die Auswirkungen nach einer Geburt sind vielfältig, aber oft sind Frauen verunsichert, weil sie plötzlich keinen Halt mehr im Bauch haben und er schwabbelt. Außerdem vermissen sie generell ihr Gefühl für den Bauchraum. Ich höre oft, dass es sich ein bisschen wie ein Loch anfühlt. Auch Brustveränderungen durch Stillen, Beckenbodenschwäche, Rückenschmerzen und Verspannungen sind oft Thema in den Gesprächen.

Hand aufs Herz: Viele Mamas haben keine Lust auf Rückbildung. Warum sollten sie diese unbedingt ernst nehmen?

Leider sind tatsächlich Folgebeschwerden möglich, wenn man keine Rückbildung macht. Sie hilft zum Beispiel gegen die Beschwerden, die durch Schwangerschaft und Geburt entstanden sind: Durch das Baby im Bauch senken sich die Gebärmutter und Blase, man hat teilweise unbemerkt eine Beckenbodenschwäche, erschlaffte Bauchmuskeln und eine veränderte Statik durch den dicken Bauch, der nun aber wieder weg ist.

Auch bei Geburtsverletzungen hilft die Rückbildung, weil durch die Übungen die Durchblutung steigt und die Heilung besser vorangeht. Gerade nach einem Kaiserschnitt ist die Rückbildung extrem wichtig. Durch den Schnitt werden ja auch Nervenverbindungen durchtrennt und durch das Training wieder angebahnt.

Nicht zuletzt sind die Kurse auch eine super Präventionsmaßnahme, um künftige Beschwerden zu vermeiden, die durch den veränderten Alltag entstehen können. Denn durch das Stillen und das Tragen des Kindes nehmen die Mütter oft ungünstige Haltungen ein und bekommen dann Schmerzen im Rücken oder der Schulter.

Was können Mamas tun, die die Rückbildung direkt nach der Geburt versäumt haben? Welche Angebote sind geeignet für sie?

Es ist ganz wichtig zu wissen, dass es generell nie zu spät ist für ein solches Training. Die Frauen sollten sich einen Kurs suchen mit einem guten Konzept für den ganzen Körper. CANTIENICA® als ganzheitliches Ganzkörpertraining ist optimal, weil dabei der Beckenboden in allen Übungen vernetzt ist und der Körper immer optimal gut auf- und ausgerichtet ist.

Was kann ich als Mutter im Alltag tun, um meinen Körper zu stärken?

In erster Linie sollten die Mamas ihr Wochenbett ernst nehmen und sich in den ersten 8 Wochen nach der Geburt so gut wie möglich erholen und am besten Hilfe holen. Sie sollten den Maxi Cosi® so wenig wie möglich schleppen und besser das Kind rausnehmen und sich das Extra-Gewicht der Plastikschale sparen.

Eine aufgespannte Grundhaltung mit gestrecktem Oberkörper ist immer die allerbeste Voraussetzung für die Stärkung des Körpers im Alltag. Diese sollten sie möglichst immer einnehmen - beim Tragen des Kindes, Stillen und Füttern, wenn sie das Kind hochheben, Zähneputzen und in der Küche arbeiten.

Was kann ich im Alltag speziell für den Beckenboden tun?

In dem Moment, in dem ich meine optimale Haltung immer wieder einnehme, kommt der Beckenboden schon in eine tolle Grundspannung, der Oberkörper zieht sich in die Länge, daher schwebt der Brustkorb über dem Becken und der Beckenboden erhält keinen Druck mehr von oben. Wenn die Frauen es schaffen, diese Haltung regelmäßig einzunehmen, ist schon viel geholfen. In dieser Aufspannung können sie den Beckenboden pulsieren lassen und die Sitzbeinhöcker zum Damm zueinander bewegen.

Gibt es auch bei der Rektusdiastase die Übung schlechthin, die du unbedingt empfiehlst?

Auch hier kommt es vor allem darauf an: Haltung, Haltung, Haltung. Da kommt der Körper in seine Länge und es staucht nichts den Bauch zusammen. In dieser Aufspannung können die Frauen immer wieder ein gefühltes »X« bilden mit ihren Muskeln. Für dieses X stellt man sich vor, dass der Bauchnabel sich wie ein X zwischen Beckenkämmen und den unteren Rippen aufspannt. Dadurch wird der Abstand zwischen Becken und Brustkorb vergrößert, das gibt mehr Halt, Aufspannung, Stabilität im Unterbauch. Entlang der Körpermittellinie, der Linea Alba, können sie des Weiteren gefühlt Steppnähte einziehen, die bewusst die Linie zusammenzieht.

Von welchen Sportarten sollte ich die Finger lassen mit Beckenbodenproblemen?

In jedem Fall sollten die Mütter vorsichtig sein mit Joggen, Trampolin hüpfen, Leichtathletik und allem, was mit Springen und ohne lotgerechter Haltung einhergeht, da der Beckenboden dann immer ungünstig gestaucht wird.

Wovon rätst du bei einer ausgeprägten Rektusdiastase ab?

Das ist für Mamas ganz wichtig zu wissen: Alle gängigen Bauchmuskelübungen können eine Rektusdiastase begünstigen oder sogar verstärken. Diese Übungen sorgen dafür, dass die geraden Bauchmuskeln aufklaffen, die Organe in das kleine Becken gestaucht werden und letztendlich auch die Wirbelsäule belastet wird. Generell rate ich daher von Situps ab. Des Weiteren sind Stellungen im Steilhang schlecht, weil der Bauch nach unten raushängen kann.

Welche sanften Sportarten sind dagegen ein guter Einstieg nach der Geburt?

Ich empfehle meinen Frauen immer Wandern, Walken, tiefenmuskuläres Ganzkörper-Beckenbodentraining, Schwimmen und Radfahren.

Ab wann sollten sich Mütter Hilfe suchen, wenn sie das Gefühl haben, dass ihr Körper nach der Schwangerschaft und Geburt nicht mehr so ganz passt?

Solange die Hormone noch nicht umgestellt sind nach der Schwangerschaft, befindet sich der Körper immer noch in der Rückbildung. Auch während der gesamten Stillzeit befinden sich Mütter noch in dem Hormonstatus des Weichseins, das heißt erst nach dem Abstillen können sich Muskeln wieder ganz aufspannen. Aber sie sollten das bitte nicht als Anlass nehmen, vorzeitig Abzustillen. Der Körper braucht einfach seine Zeit nach der Geburt, das ist ganz normal – auch ohne Stillen.

Zeit ist der größte Faktor. Mamas sollen und dürfen sich diese Zeit geben und müssen einfach geduldig sein.

Durch die komplette Lebensumstellung, Schlafmangel, neue Belastungen braucht der Körper einer Frau bis zu 3 Jahre, um sich zu erholen. Diese Zeit sollte man seinem Körper zugestehen.

Wann sollten sich Frauen Hilfe holen?

In jedem Fall dann, wenn es für sie eine belastende Situation ist - sei es in offenen Gesprächen mit anderen Müttern oder bei ihrer Hebamme oder dem Frauenarzt.
Oft hilft schon der Austausch mit anderen Mamas, um zu sehen, dass es anderen genauso geht. Viele Frauen sind froh, wenn jemand sich traut und das Thema anspricht. Denn dann haben alle die Gewissheit, dass sie mit ihren Sorgen und Problemen nicht alleine sind.

Hast du noch einen Geheimtipp, den du an meine Leserinnen weitergeben möchtest?

Die Narbenpflege wird leider oft vernachlässigt, diese möchte ich ihnen noch einmal ans Herz legen. Narben, egal wo sie am Körper sind, sind ein Störfaktor, der verhindern kann, dass die Nerven freie Bahn haben, um den Muskel zu aktivieren. Es gibt tolle Produkte, die helfen, dass eine Narbe sich zurückbildet. Gegebenenfalls ist es auch möglich, eine

Narbenbehandlung machen zu lassen, wenn die Narbe Probleme macht. Ein Frauenarzt/-ärztin oder eine Hebamme können die Mütter beraten, was alles möglich ist.

Wenn die Narbe sich taub anfühlt, hilft übrigens auch die Rückbildung, wieder etwas schneller Gefühl an der Stelle zu bekommen.

Ich möchte auch allen Frauen noch einmal frühzeitiges Training in der nächsten Schwangerschaft ans Herz legen. Das ist die beste Vorbeugung für eventuelle Probleme.

DANKSAGUNG

Ich kann es selbst kaum glauben: Nun schreibe ich zum zweiten Mal eine Danksagung für ein Buch. Ich hätte euch für verrückt erklärt, wenn ihr mir das vor sieben Jahren vorhergesagt hättet. »Drei Kinder, ein Teilzeitjob und zwei Bücher schreiben? Das schaffe ich niemals.«, hätte meine Antwort gelautet. Und doch gibt es dieses Buch nun.

Aber ich habe es natürlich nicht ganz alleine hinbekommen und danke von Herzen den Menschen, die dieses Buch möglich gemacht haben:

Meinen drei Kindern, ohne die mein Beckenboden noch intakt wäre und ich so keinen Grund für dieses Buch gehabt hätte. Ich liebe jeden einzelnen von euch so sehr!

Meinem Mann. Er ist mein größter Fan und Kritiker in einem. Ich bin sehr froh, dich an meiner Seite zu haben!

Danke an Victoria Bindrum, die dieses Buch von der ersten Idee an begleitet hat und dazu beitrug, dass ich überhaupt den Mut gefasst habe, es zu schreiben.

Danke an meine drei Test-Leserinnen Corinna W., Corinna S. und Sarah B. – euer Feedback war unglaublich hilfreich und hat dem Buch den letzten Schliff verliehen.

Danke an Judith Bildau (www.judith-bildau.de/) für die fachlichen Antworten, die mir bei meiner Recherche in vielen Fällen weiterhalfen

Danke an Silvia vom Mamablog www.vivabini.de und ihre Offenheit beim Thema Rektusdiastase.

Danke an Maren Hellriegel (www.körperleben-bruchsal. de) für das Interview am Ende des Buches, das meinen Leserinnen viele hilfreiche Praxistipps gibt.

Zu guter Letzt

Bitte beachtet: In meinem Ratgeber »Nicht makellos, aber perfekt« nenne ich namentlich Trainingsprogramme, Bücher, Apps und Markennamen. Mit keiner der genannten Firmen stehe ich in Verbindung oder bin eine Kooperation eingegangen. Ich wurde nicht für die Nennung beauftragt und erhalte keine Gegenleistung. Die Erwähnung geschieht in allen Fällen aus freien Stücken ohne Werbeauftrag.